Lf 1474

LE PARASITE COMEDIE.

PAR Mʳ TRISTAN.

D'N. 684

A PARIS,
Chez AVGVSTIN COVRBE', dans la petite Salle du Palais, à la Palme.

M. DC. LIV.
AVEC PRIVILEGE DV ROY.

A MONSEIGNEVR MONSEIGNEVR LE DVC DE CHAVNE.

ONSEIGNEVR,

Ce n'est point pour sauuer cét Ouurage de l'iniure du Temps, ni de la malice de l'Enuie, que ie souhaite de le mettre sous la protection d'vn nom illustre comme le vostre : Cette production d'esprit est de si peu de consequence, qu'il n'importe guere qu'elle perisse : Et comme les fusées qui vont par bas, elle ne brille point d'vn feu qui doiue estre considerable pour sa durée. Ce n'est qu'vn petit diuertissement, ce n'est que l'effet d'vne interualle de trauail, & comme le repos d'vne estude plus serieuse. Aussi ne vous offray-je pas cette Comedie comme vne offrande digne de vous, ni qui soit mesme digne de moy : Ie vous la presente pource que i'ay passion de faire esclater en public, le zele particulier que i'ay pour vostre seruice. Mon ardente deuotion fait en cét endroit comme la colere, qui dans ses transports se sert de toutes sortes d'armes. I'espere, MONSEIGNEVR, de vous témoigner quelque iour ma tres-humble affection par des marques plus magnifiques, & dont vos belles actions seront la seule matiere. Vous auez des Gouuernemens dans vne Prouince qui sert comme de Theatre à la guerre, & vous y iouëz si noblement vostre Personnage, que les choses que vous ferez seront bien dignes d'estre escrites. Au reste, MONSEIGNEVR, auec l'auantage de vous faire craindre, vous ne manquerez pas de qualitez pour vous faire aimer. On admire en vostre ame vn fonds de bonté noble & genereuse; vne inclination qui se porte aussi facilement au bien, que celle des autres se porte au mal. On n'y void nulle pente au vice, & l'on y remarque de grandes dispositions à l'heroïque vertu. Ie dirois encore qu'auec vn esprit connoissant & fort, & qui sçait discerner parfaitement les bonnes choses, vous en vsez auec vne retenuë toute modeste, & qui fait connoître que vostre iugement accompagne par tout vostre esprit, & qu'ils produisent ensemble, & la franchise dont vous vsez enuers vos amis, & la ciuilité que vous auez pour tout le monde. De ces grands auantages, MONSEIGNEVR, vous auez beaucoup d'obligation aux soins que l'on a pris de vous esleuer, mais vous en auez de plus particulieres à l'illustre sang dont vous estes sorty. L'Art n'a fait qu'acheuer en vous ce que la Nature auoit auancé; Vous aués receu les erres de tout ce bien, dés *l'heure de vostre naissance, & vous ne pourrez iamais manquer de faire de grands progrez vers la Gloire, lors que vous suiurez vos propres sentimens, & que vous receurez comme vous faites, les auis de Madame la Duchesse de Pequigny; Vous sçauez aussi bien que moy, que le Thermodon n'a iamais veu de Reyne Amazone plus noble ni plus genereuse qu'elle, & que vous ne receurez iamais de conseils qui soient bas, d'vne Mere si glorieuse & si pleine d'esprit. Elle est capable de vous aprendre fort bien comme il faut porter la bonne & la mauuaise fortune. Mais, MONSEIGNEVR, par quelle impetuosité de zele me suis-je emporté, iusqu'à vous parler de cette diuine personne, dont on ne peut faire d'assez grands Eloges? Moy qui n'auois dessein que de vous offrir vn petit Poëme tout burlesque, & prendre occasion de là pour vous protester que ie suis auec autant de passion que de respect,*

MONSEIGNEVR,

Vostre tres-humble & tres-obeïssant seruiteur,

TRISTAN-L'HERMITE.

L'IMPRIMEVR A QVI LIT.

ON s'estonnera de voir vne piece toute Comique comme celle-cy, de la production de Mr Tristan ; dont nous n'auons gueres que des Pieces graues & serieuses : mais il y a des Genies capables de s'accommoder à toutes sortes de sujets, & qui se relâchent quelquefois à traiter agreablement les choses les plus populaires, apres auoir long-temps trauaillé sur des matieres heroïques. Enfin, ie vous puis asseurer que cette Comedie a des agreémens qui n'ont point esté mal receus ; & qu'elle a eu l'honneur d'estre souuent representée dans le Louure, auec les mesmes aplaudissemens qu'elle auoit receus du public. Vous pouuez donc vous diuertir en cette lecture, attendant de ce mesme Autheur vn Ouurage plus magnifique, & qui demandera toute vostre attention. Mes Presses se preparent pour l'impresion de son Roman de la Coromene, qui est vne autre piece dont le Theatre s'estend sur toute la Mer Orientale, & dont les Personnages sont les plus grands Princes de l'Asie. Ceux qui sont versez dans l'Histoire n'y prendront pas vn mediocre plaisir, & mesmes les personnes qui n'auront fait lecture d'aucun Liure de voyage en ces quartiers, ne laisseront pas à mon auis, de gouster beaucoup de douceur à lire les merueilleuses auentures qui s'y trouueront comme peintes, de la plume de Mr Tristan.

PRIVILEGE DV ROY.

LOVIS par la Grace de Dieu Roy de France & de Nauarre : A nos Amez & Feaux Conseillers les Gens tenant nos Cours de Parlement, Maistres des Requestes ordinaires de nostre Hostel, Baillifs, Seneschaux, Preuosts, leurs Lieutenans, & à tous autres de nos Iusticiers & officiers qu'il appartiendra. Salut : Nostre cher & bien Amé le sieur TRISTAN-L'HERMITE, Gentilhomme de la Maison de nostre tres-cher Cousin le Duc de Guyse, Nous a fait remonstrer qu'il a composé depuis peu vne Comedie intitulée, *le Parasite* laquelle il est sollicité de mettre en lumiere; ce qu'il ne peut faire sans auoir nos Lettres sur ce necessaires, qu'il nous a tres-humblement supplié de luy accorder. A CES CAVSES, & voulant traiter fauorablement l'Exposant, en consideration de son merite, qui est connu non seulement en France, mais en toutes les Nations qui font profession d'aymer les Lettres : Novs luy auons permis & permettons par ces presentes, de faire imprimer, vendre & debiter en tous les lieux de nostre obeïssance, ladite Comedie du *Parasite*, par tel Imprimeur ou Libraire qu'il voudra choisir, & en telles marges & tels caracteres, & autant de fois que bon luy semblera, durant l'espace de cinq ans entiers & accomplis à compter du iour qu'elle sera acheuée d'imprimer pour la premiere fois. Et faisons tres-expresses deffences à toutes personnes de quelque qualité & condition qu'elles soient, de l'imprimer, vendre ny distribuer en aucun lieu de nostre obeïssance, sans le consentement de l'Exposant, ou de ceux qui auront son droit, sous pretexte d'augmentation, correction, changement de titre, fausses marques ou autrement, en quelque sorte & maniere que ce soit, ny mesme d'en emprunter le titre ou frontispice, le tout à peine de quinze cens liures d'amende, payables sans deport par chacun des contreuenans, & applicables vn tiers à Nous, vn tiers à l'Hostel Dieu de Paris, & l'autre tiers au Libraire dont l'Exposant se sera seruy, de confiscation des Exemplaires contrefaits, & de tous despens, dommages & interests; à condition qu'il sera mis deux Exemplaires de ladite Comedie en nostre

Bibliotheque publique, & vne en celle de nostre tres-cher & Feal le sieur MOLE' Cheualier Garde des Seaux de France, auant que de l'exposer en vente, & que les presentes seront registrées gratuitement dans les Registres de la Communauté des Libraires de nostre bonne Ville de Paris, suiuant le Reglement fait sur ce sujet par nostre Cour de Parlement, à peine de nullité d'icelles. Du contenu desquelles Nous voulons & vous mandons, que vous fassiez ioüir pleinement & paisiblement l'Exposant, & ceux qui auront droit de luy, sans souffrir qu'il leur soit donné aucun empeschement. Voulons qu'en mettant au commencement ou à la fin de ladite Comedie vn Extrait des presentes, elles soient tenuës pour deuëment signifiées, & que foy y soit adjoustée, & aux copies collationnées par vn de nos Amez & Feaux Conseillers & Secretaires, comme à l'original. Mandons aussi au premier nostre Huissier, ou Sergent sur ce requis, de faire pour l'execution d'icelles tous Actes & Exploits necessaires, sans demander autre permission. CAR tel est nostre plaisir, nonobstant oppositions ou appellations quelconques, & sans preiudice d'icelles, pour lesquelles nous ne voulons qu'il soit differé Clameur de Haro, Chartre Normande, & autres Lettres à ce contraires. DONNE' à Paris le 23. iour de Mars, l'an de grace mil six cens cinquante-quatre. Et de nostre Regne l'onziesme. Par le Roy en son Conseil, CONRART.

Et ledit sieur TRISTAN L'HERMITE, a cedé & transporté son droit de Priuilege à AVGVSTIN COVRBE' Marchand Libraire à Paris, pour en ioüir le temps porté par iceluy, ainsi qu'il a esté accordé entr'eux.

Acheué d'imprimer pour la premiere fois, le 19. Iuin 1654.

Les Exemplaires ont esté fournis.

Registré sur le Liure de la Communauté, le dernier Avril 1654. conformément à l'Arrest du Parlement du 9. Avril 1653. à condition que le present Priuilege sera cedé à vn Marchand Libraire ou Imprimeur. BALLARD, Sindic.

LES PERSONNAGES.

PHENICE, ſeruante de Manille.

LVCINDE, fille de Manille.

FRIPESAVCES, Paraſite.

LE CAPITAN, Matamore.

CASCARET, valet du Capitan.

LISANDRE, amoureux de Lucinde.

PERIANTE, amy de Liſandre.

ALCIDOR, mary de Manille.

LVCILLE, pere de Liſandre.

DES ARCHERS.

La Scene eſt à Paris, deuant la porte du logis de Manille.

LE

LE PARASITE.

ACTE PREMIER.

SCENE PREMIERE.

PHENICE.

QVE le poste est mauuais pour vne Confidente,
De passer vne nuit pres d'vne ieune Amante!
Elle est à babiller du soir iusqu'au matin,
Et l'on dormiroit mieux prés de quelque Lutin.
O l'importun effet d'vne amoureuse cause!
L'on dit & l'on redit cent fois la mesme chose,
On se souuient de tout, & l'on en vient troubler
Celles qui du sommeil se sentent accabler.

Que de propos diuers dessus vne vetille ?
On soûpire sans cesse, à toute heure on fretille ;
On vient vous demander, en vous tirant le bras,
Dites-moy, dormez-vous ? ou ne dormez-vous pas ?
Lucinde sans mentir, n'a point de conscience :
Elle ne m'a donné, ny paix, ny patience,
I'en auray ce matin les yeux tous endormis ;
I'aymerois mieux coucher prés d'vn tas de fourmis.
Cent puces dans mon lict m'auroient moins esueillée ;
Mais la voicy venir. Quoy ? si tost habillée ?
Des-ja sur mes talons ? Quoy donc ?

SCENE SECONDE.

LVCINDE. PHENICE.

LVCINDE.

C'est que ie veux
Encor sur ce sujet te dire vn mot ou deux.

PHENICE.

Encore vn mot ou deux ? Apres plus de cent mille ?

LVCINDE.

Souuiens-toy bien de tout ;

PHENICE.

O recharge inutile.
Dans cette inquietude & ces desirs pressans,
Ie crains auec raison que vous perdiez le sens.
Rentrez: & respondez si Manille m'appelle,
Que ie suis à la halle à battre la semelle;
Et que chez son Tailleur, comme elle a commandé,
Ie vais voir si son corps est bien racommodé;
Et si la robbe aussi qu'elle met aux Dimanches,
Est ralongée en bas, & retreßie aux manches.

LVCINDE.

Mais d'vne bonne sorte instruis nostre Valet:
Que Lisandre arriuant reçoiue mon poulet,
Qu'il sçache ce qu'il chante, & qu'il s'en rememore.

PHENICE.

Allez, i'en prendray soin,

LVCINDE.

Ie te le dis encore.

PHENICE.

Rentrez, nous perdons temps en propos superflus,
Ce n'estoit que deux mots; en voila trente & plus.

Mais ou peut-on treuuer le drole que ie cherche?
Estant seule. *De mesme qu'vn oyseau qui se bat sur la perche,*
Il cajole quelqu'vn pour auoir vn repas;
Et le Diantre d'Enfer ne le trouueroit pas.
Toutefois le voicy;

SCENE TROISIESME.

FRIPESAVCES. PHENICE.

FRIPESAVCES.

O la rigueur estrange!
Est-il donc ordonné que iamais ie ne mange?
Ay-je donc tracassé iusqu'à cette heure en vain?
Ne pourray-je flatter ou contenter ma faim.
O Cieux quelle pitié!

PHENICE.

Hola ho Fripesauces,

FRIPESAVCES.

Que mon ventre applaty fait eslargir mes chausses!
Si ie ne bois bien-tost à traits frequents & longs,
Phenice luy frape sur l'épaule. *On les verra dans peu tomber sur mes talons.*
O Cieux quelle pitié! quelle misere extrême!
Ha! Phenice c'est toy;

PHENICE.

Toy, n'es-tu plus toy-mesme?

FRIPESAVCES.

Que ton nez aussi bien n'est-il vn pied de veau;
Ie serois fort habille à torcher ton museau.
Si tes deux yeux estoient deux pastez de requeste,
Ie ficherois bien-tost mes ongles dans ta teste.
Et si ton scoffion auoit tous les appas
D'vne ruelle de veau bien cuite entre deux plats,
En l'humeur où ie suis, Phenice ie te iure,
Que i'aurois toute à l'heure auale ta coëffure.

PHENICE.

Quoy manger si matin? L'appetit furieux.

FRIPESAVCES.

Ma bouche à mon resveil s'ouure deuant mes yeux;
Bride cet appetit d'vne raison meilleure:
Ie voudrois estre aueugle & manger à toute heure.

PHENICE.

Escoute donc vn peu.

FRIPESAVCES.

Que me veux-tu donner?

PHENICE.

Parlons d'vn grand ſecret.

FRIPESAVCES.

Parlons de deſieuner.

PHENICE.

Il ſeroit queſtion de faire vn prompt meſſage.

FRIPESAVCES.

Il ſeroit queſtion de manger vn potage
D'vne piece de bœuf ſe deſgraiſſer les dents,
Et mettre auec loiſir des meubles là dedans.

PHENICE.

Si tu ſçauois comment noſtre Lucinde pleure,
Et ce qu'elle m'a dit encor depuis vne heure
Sur ces affections, ie te iure ma foy
Que tu pourrois pleurer comme elle & comme moy.

FRIPESAVCES.

Ie te iure ma foy que ma pance eſt plus ſéche
Que n'eſt vne alumette, vne eſponge, vne méche,
Et qu'en vn alambic tres-difficilement
On en pourroit tirer deux larmes ſeulement.

PHENICE.

Escoute ce qu'il faut que tu die à Lisandre ;
Il doit estre arriué.

FRIPESAVCES.

Ie ne sçaurois t'entendre.
Si ie n'ay comme il faut fait iouër le menton,
Ce qu'on dit en François me semble bas Breton :
Ie me treuue assoupy, ie baille, ie m'alonge,
Et prens vn entretien pour l'image d'vn songe.

PHENICE.

Ie vais donc te querir d'vn certain reliquat.

FRIPESAVCES.

Qu'il soit bien releué, car mon ventre est bien plat :
Et sur tout souuiens-toy de remplir la bouteille ;
O ie croy que ma faim n'eust iamais de pareille ! Seul.
Ie sens dans mes boyaux plus de deux milions
De chiens, de chats, de rats, de loups, & de lions,
Qui presentent leurs dents, qui leurs griffes estendent,
Et grondans à toute heure, à manger me demandent.
I'ay beau dedans ce gouffre entasser iour & nuit,
Pour assouuir ma faim ie trauaille sans fruit.

Vn grand jarret de veau nageant sur vn potage,
Vn gigot de mouton, vn cochon de bon âge,
Vne langue de bœuf, deux ou trois saucissons
Dans ce creux estomac, souflez, sont des chansons.
Vn flacon d'vn grand vin, d'vn beau rubis liquide,
Si tost qu'il est passé laisse ma langue aride,
Ie la tire au dehors le polmon tout pressé,
Comme les chiens courants apres qu'ils ont chassé.
Vn nouuel hipocras, ie veux dire Hipocrate,
Qui la teste souuent de ses ongles se grate,
Et pour gagner le bruit de fameux Medecin,
Touche souuent du nez au bourlet d'vn bassin;
Dit assez que ma faim est vne maladie;
Mais il ignore encor comme on y remedie.
Ces discours importuns ne font que l'irriter,
Ie voy que c'est vn mal difficile à traitter.
Quand i'aurois aualé cent herbes, cent racines;
Receu vingt lauemens, humé vingt medecines,
Qui me feroient aller, & par haut & par bas;
Ie me connois fort bien, ie n'en guerirois pas.
O que d'vn bon repas la rencontre est heureuse!
Ne viendra-t-elle point? despesche paresseuse.

SCENE

SCENE QVATRIESME.

FRIPESAVCES. PHENICE.

FRIPESAVCES.

DEscouure donc ce plat que tu caches si bien;

PHENICE.

Escoute moy deuant, ou bien tu ne tiens rien,
Il faut estre attentif sur vn fait qui nous touche,
Tu dois ouurir l'oreille auant qu'ouurir la bouche.

FRIPESAVCES.

Ie puis en t'escoutant les ouurir toutes deux.

PHENICE.

Escoute seulement.

FRIPESAVCES.

Que ie suis malheureux!
Donne vn peu de matiere à ma faim qui s'irrite.

PHENICE.

Tu ne mangeras point, qu'apres la chose dite;

Tu sçay que soûpirant sous de seueres loix,
Nostre jeune Orpheline est reduite aux abois;
Et n'ose contredire à Manille sa mere,
Qui la veut marier par vn ordre seuere:
Qu'elle pleure tousiours son rigoureux destin.

FRIPESAVCES.

Moy ie n'en pleure pas, on y fera festin.

PHENICE.

Escoute, ô qu'vn yurongne est vne chose estrange!

FRIPESAVCES.

Mais tu parles tousiours, & iamais ie ne mange,
Ie pourrois t'escouter & macher doucement.

PHENICE.

Tu macheras apres, escoute seulement,
Tu sçay que cette fille à bon droit affligée
Par inclination est ailleurs engagée.

FRIPESAVCES.

Tant pis.

PHENICE.

Et quelle attend son Lisandre aujourd'huy,
Pour apporter de l'ordre à ce pressant ennuy:
Il faut aller seruir cette pauure innocente.

FRIPESAVCES.

Mais la faim dont i'enrage, eſt encor plus preſſante.

PHENICE.

Tout beau ; faut-il ſoufrir qu'vn maiſtre de filoux, Il veut tou-cher au plat.
Malgré ſes ſentiments deuienne ſon eſpoux ?
Et qu'vn homme d'honneur, plus noble & plus ſortable,
En ſoit ainſi fruſtré ?

FRIPESAVCES.

Non ie me donne au Diable.

PHENICE.

Toutefois le temps preſſe & ce ſera demain,
Qu'elle ſera forcée à luy donner la main ;
Si Liſandre aduerty bien-toſt par cette lettre,
Pour rompre ce deſſein, ne ſe vient entremettre.

FRIPESAVCES.

Mais comment fera-t'il ?

PHENICE.

Ie te diray comment.

FRIPESAVCES.

Dis donc ie n'en puis plus.

PHENICE.

Attends vn ſeul moment,
Manille quelquefois eſcoute à cette porte,
Tu ſçais bien qu'Alcidor eſt Prouençal.

FRIPESAVCES.

Qu'importe?

PHENICE.

Quelques trois ans apres qu'ils furent mariez,
Demeurans à Marſeille, ils furent conuiez
Par la ſerenité du plus beau jour du monde,
D'aller dans vn Eſquif prendre le frais ſur l'onde.
Manille par foibleſſe eſuita le malheur,
Pour eſtre ſur la mer, ſujette aux maux de cœur,
Mais ſon mary s'embarque aueque la brigade,
Qui penſoit s'eſgayer tout au long de la rade:
Il y porte ſon fils qu'il ne pouuoit quitter,
Et dont l'âge à deux ans, à peine euſt pû monter;
Et laiſſe ſur le bord ſa tres-chere Manille,
Qui donnoit à tetter à Luoinde ſa Fille.
Ceux qui s'eſtoient commis à ce fier element,
Veirent vn temps ſi beau, changer en vn moment:
Leur Eſquif fut bien loin pouſſé d'vn vent de terre,
Il fit vn grand orage, il fit vn grand Tonnere,

Et mal-traittez ainsi du soir iusqu'au matin,
Le jour les fit trouuer proches d'vn Brigantin:
C'estoient des éscumeurs, des Turcs, qui les surprirent,
Et quelque temps apres en Alger les vendirent;
Et nous sceumes l'estat de leur captiuité,
D'vn de ces prisonniers qui s'estoit rachepté.
Mais en quatre ou cinq ans comme on a pû connoistre,
Ils ont changé de ville, ils ont changé de maistre,
Et le malheur est tel, que depuis quatorze ans,
Manille ne sçait plus, s'ils sont morts ou viuants.
Si Lisandre arriué, comme vn forçat s'habille;
Et se vient presenter au logis de Manille;
Et bien instruit par toy, luy fait certain recits,
Qui pourra l'empescher de passer pour son fils?
L'autre âgé de deux ans fut pris dans cette barque.

FRIPESAVCES.

Son vray fils sur son corps peut auoir quelque marque,
Qu'elle ne verroit pas sur cet autre.

PHENICE.

Point, point,
Nous sommes fortement assurez sur ce point,
Manille a dit cent fois qu'elle verroit parestre
Son fils deuant ses yeux sans le pouuoir connestre.

FRIPESAVCES.

Et ce fils retrouué, qu'on estimoit perdu,
Rompra-t-il aisément cet himen pretendu?
Manille au Capitan sa parole a donnée?

PHENICE.

Il fera tout au moins differer l'Himenée;
Et nous trauaillerons apres ce bel effet,
Afin que le traitté soit rompu tout à fait.

FRIPESAVCES.

La fourbe est excellente & bien imaginée:
Et pourueu seulement quelle soit bien menée,
A ton honneur Phenice, elle reüssira.

PHENICE.

A son gré là dessus, le Ciel disposera,
C'est à toy seulement d'instruire bien Lisandre,
Et le bien conseiller sur l'habit qu'il doit prendre:
Et sur ce qu'il doit dire, afin qu'à la maison,
Il passe pour Sillare auec quelque raison.
Il doit adroittement debiter ses voyages,
Depeindre les païs, les citez, les passages,
Les mœurs des habitans qu'il aura frequentez,
Les noms des mescreans, les noms des racheptez.

FRIPESAVCES.

I'entends bien tout cela, laisse, laisse moy faire,
Il sçaura sur ce point ce qu'il est necessaire:
Beuuant vison visu d'vne bonne façon,
Comme vn sçauant Docteur ie luy feray leçon.
Montre donc ce paquet.

PHENICE.

La despence est fermée,
Et ie n'ay que ce plat pour ta gueule affamée:
Mais fay bien ton message & quand tu reuiendras.

FRIPESAVCES.

Ouy, ouy, mais de tels mets ne me contentent pas,
N'as-tu rien que cela? la pance est bien remplie,
Lors que l'on a le bien d'aualer vne oublie.

PHENICE.

Va, tu feras tantost vn solide repas:
Mais ne retarde plus, diligente tes pas:
Sers bien ces deux Amants il faut que ie t'en presse,
Ie crains beaucoup pour eux.

FRIPESAVCES.

Tu crains que ie n'engraisse.

PHENICE.

Lescher encor le plat n'as-tu pas acheué?
Va-t'en trouuer Lisandre il doit estre arriué,
Trauaille à destourner le sort qui le menace,
Tu sçais bien le logis, il descend à la place.

FRIPESAVCES.

Ie sçay bien, ie sçay bien, à la place Maubert,
Pour le moins si la faim ne me prend point sans vert,
A moitié du chemin.

PHENICE.

Tréve de raillerie.

FRIPESAVCES.

Ou si ie ne m'arreste à la Rotisserie;
Dont l'odeur pour mon nez est vn secret aimant,
Ce papier trouuera Lisandre & promptement.

PHENICE.

Va viste ie te prie, & pour ta recompense,
Ie prendray quelque chose encor dans la despence.

FRIPESAVCES.

Va donc mettre à l'escart quelque chose de bon,
Quelque langue de bœuf, ou quelque gros jambon;

Quel-

Quelque longe de veau, quelque grasse eschinée,
Qui me puissent aider à passer la iournée.

SCENE CINQVIESME.

LE CAPITAN. FRIPESAVCES. CASCARET.

LE CAPITAN.

HOla, ho, Bourguignon, Champagne, le Picard,
Le Basque, Cascaret,

FRIPESAVCES.

Tirons nous à l'escart,
Voicy ce Capitan, qui fait trembler la Terre,
Et qui parle si haut qu'il semble d'vn Tonnerre.

LE CAPITAN.

Las-d'aller, Triboulet, où sont tous mes valets?

CASCARET.

Ils sont sur les degrez de la Cour du Palais.

LE CAPITAN.

Ie ne suis point seruy, toute cette canaille,
Se cache au cabaret, ainsi que Rats en paille.

Hola ! qu'on vienne à moy.

CASCARET.

Que vous plaist-il Monsieur ?

LE CAPITAN.

Où sont tous ces coquins ? i'enrage de bon cœur,
Ils ne respondent point lors que ie les appelle.

CASCARET.

Monsieur,

LE CAPITAN.

Ie leur rompray quelque iour la ceruelle :
Où sont tes compagnons qui ne me suiuent point ?

CASCARET.

L'vn racoutre ses bas & l'autre son pourpoint,
Et nul n'a de souliers, car vostre seigneurie,
N'a passé de trois mois par la sauatterie ;
Elle y deuroit aller.

LE CAPITAN.

Ie veux auparauant,
Afin que vous ayez de bon cuir de Leuant,

Aller prendre Maroc, Alger, Tunis, Biserte,
Et quelqu'autre païs dont i'ay iuré la perte,
Et nous aurons alors d'assez bons maroquins.

FRIPESAVCES.

Pour te sangler le nez?

LE CAPITAN.

Pour chausser des coquins.

FRIPESAVCES.

S'ils ont durant ce temps à battre la semelle,
Qu'ils se tiennent bien gays, leur attente est fort belle.

CASCARET.

Monsieur en attendant, irons nous tout nuds piez?

LE CAPITAN.

Ie voudrois que ces gueux fussent estropiez.

CASCARET.

Et du linge Monsieur?

LE CAPITAN.

I'iray prendre la Chine;
Il y croit du cotton dont la toile est bien fine.

CASCARET.

Monsieur auant ce temps, il seroit à propos
De nous donner du lin.

LE CAPITAN.

Ayons quelque repos.
Mes barbes, mes genets, ont-ils eu de l'auaine?
C'est mon soin principal.

CASCARET.

C'est ta fiéure quartaine,
Il n'a iamais nourry qu'vn bidet & qu'vn chien.

LE CAPITAN.

Tu dis?

CASCARET.

Que le bidet sur tout se porte bien.

LE CAPITAN.

Ce petit animal est vne aimable beste;
On le pourroit monter mesme en vn iour de feste.

CASCARET.

Ma foy sur vn baudet on seroit mieux monté.

LE CAPITAN.

Comment?

CASCARET.

Qu'il n'est pas bon quand il fait bien crotté.

LE CAPITAN.

Mais durant les beaux iours il fait rage en campagne,
Il part bien de la main.

CASCARET.

Ouy, comme vne montagne.

LE CAPITAN.

I'en ay bien refusé prés de deux cens escus.

CASCARET.

Enuiron quinze francs.

LE CAPITAN.

Quoy?

CASCARET.

L'on les offre & plus.

FRIPESAVCES.

O les plaisants faquins! ce Dialogue est drole.

LE CAPITAN.

Il te reste beaucoup de ma demy pistolle.
Va-t'en donc à la Halle & m'achepte à manger.

FRIPESAVCES.

Ie croy qu'il dit cela pour me faire enrager:
Il va bien-tost disner, il faut que ie le suiue.

LE CAPITAN.

Que nous ayons sur tout la chataigne & l'oliue.

FRIPESAVCES.

Il vaudroit mieux auoir quelque bon Aloyau:

LE CAPITAN.

De ces prunes aussi, qui laissent le noyau.
Mais arreste voila l'escuyer de Lucinde;

FRIPESAVCES.

Qu'il a l'estomac hault, que n'est-il vn coq d'Inde!
Ie l'irois attaquer encor qu'il fut bardé.

LE CAPITAN.

Le pauuret a fremy quand ie l'ay regardé:
Hola maistre d'Hostel.

FRIPESAVCES.

Vostre grandeur m'honore:

LE CAPITAN.

Que fait donc ta maistresse?

FRIPESAVCES.

Elle dormoit encore,
A l'heure que je suis sorty de la maison.

LE CAPITAN.

C'est bien fait qu'elle dorme, elle a bonne raison.
Auant que nous entrions sous les loix d'Himenée,
Elle peut bien dormir la grasse matinée;
Pour auoir le teint frais, le visage arrondy,
La gorge ferme & pleine & le sein rebondy.
Car elle est destinée ainsi qu'on le remarque,
Pour estre en peu de temps vn morceau de Monarque.
Et si tout l'Vniuers mesme n'est en erreur,
D'vn homme qui vaut bien trois fois vn Empereur,
Ie m'en allois la voir cette belle assassine.

FRIPESAVCES.

Pour aujourd'huy Monsieur, elle prend medecine.
Toutefois.

LE CAPITAN.

En ce cas, il s'en faut bien garder,
Ie vy pour la seruir, non pour l'incommoder.
Ne luy parle tu point par fois de mes proüesses?
Dis-le moy.

FRIPESAVCES.

Non Monsieur, mais bien de vos largesses,
Car elle sçait assez vos glorieux exploits.

LE CAPITAN.

Tu te souuiens toûjours du quart d'escu de poids:
Attendant le disner il faut que ie te die,
Si i'ay le bras bien ferme & l'ame bien hardie;
Il faut qu'en peu de mots ie te face sçauoir,
Si dans vn beau combat, i'ay bien fait mon deuoir.

FRIPESAVCES.

Tout ce qu'il vous plaira.

LE CAPITAN.

Escoute des merueilles,

FRIPESAVCES.

Pour obliger mon ventre afflige mes oreilles.

LE CAPITAN.

Contre le Preste-jan venant de batailler.

FRIPESAVCES.

O que ces longs discours me vont faire bailler!

LE CAPITAN.

I'allay faire trembler plus de quatre Couronnes.

CASCARET.

O qu'il est en humeur de t'en donner de bonnes!

LE CAPITAN.

Ce bras fut affronter cinq ou six Roitelets,
Et leur tordit le col ainsi qu'à des poulets.
Monbaze, Soffola, de mesme que Melinde.
Se virent desolez pour l'amour de Lucinde,
Sur le bruit que son pere en ces lieux fut traisné,
D'aller rompre ses fers ie fus determiné.

FRIPESAVCES.

Qu'elle obligation pour vn si beau voyage!

CASCARET.

Il se rit de mon Maistre, & i'en creve de rage.

LE CAPITAN.

Tout cela n'a pû plaire à ce cœur ſans pitié ;
Ie n'ay pû iuſqu'icy gagner ſon amitié.

FRIPESAVCES.

Ie ne croy pas, Monſieur, qu'elle ſoit ſi cruelle,
Quand vous aurez couché quatre nuits auec elle.

LE CAPITAN.

D'vn autre exploit encor tu ſeras eſtonné,

FRIPESAVCES.

Mais ne diſnez vous point ? voila Midy ſonné.

LE CAPITAN.

Tu ne veux pas entendre vn exploit admirable ?

FRIPESAVCES.

Monſieur, il ſeroit temps de s'aller mettre à table,
Ie ſçay bien que chez vous, vous auez de bon vin.

LE CAPITAN.

Tu boirois de bon cœur.

FRIPESAVCES.

Vous parlez en Deuin.

LE CAPITAN.

Escoute encore vn peu.

FRIPESAVCES.

Monsieur, le temps me presse.

LE CAPITAN.

Fay moy toûjours seruice aupres de ma Maistresse,
Ie te feray present d'vn pot dont ie fais cas.

FRIPESAVCES.

Sera-t-il bien garny ?

LE CAPITAN.

Garny ? de taffetas.

FRIPESAVCES.

Ce n'est donc pas vn pot pour mettre à la cuisine ?

LE CAPITAN.

Ce pot est vn armet d'vne estoffe bien fine ;
Ie veux d'vn Corselet encor te regaler,
Comme d'vn coutelas qui siffle parmy l'air,
Et tranche en deux les Sphinx, les Hydres les Chimeres.

FRIPESAVCES.

Ha ! ces armes, Monsieur, ne me conuiennent gueres,

Ie ne voudrois m'armer qu'auec vn corselet,
Qui fut fait de la peau d'vn gras cochon de laict,
Et pour estre coëffé selon ma fantaisie,
Ie voudrois pour mon pot, vn pot de maluoisie ;
I'en remplirois vn verre aussi long que mon bras,
Qui pour fendre les airs seroit mon coutelas.

LE CAPITAN.

Ie tentends à ces mots, & veux en diligence,
Adjouster quelque chose à cette intelligence,
Tien voila dequoy boire au prochain Cabaret.

FRIPESAVCES.

O le cœur magnifique.

LE CAPITAN.

Et de plus, Cascaret.

FRIPESAVCES.

O qu'il est liberal, si ce quart d'escu peze,
Mais ie croy qu'à la fin de cette parantaise,
Ie doy sur nouueaux frais aueque son valet,
Par son commandement prendre pinte au colet ;
I'auray de la vigueur pour acheuer ma course.

LE CAPITAN.

Enten-tu.

CASCARET.

Ouy, Monsieur.

LE CAPITAN.

Qu'il boiue, & sur ma bourse.

FRIPESAVCES.

Nous boirons donc Monsieur; mais à vostre santé.

LE CAPITAN.

Beuuez premierement à ma Diuinité:
A la belle Lucinde à cette jeune Aurore,
Dont vn petit Soleil dans peu se doit esclore:
S'il faut que ie l'espouse, & qu'enfin sa rigueur,
Cesse de rebutter les offres de mon cœur.
Sans doute Cascaret en vuidant les bouteilles, Le Capitan seul.
Va de ce Parasite apprendre des nouuelles;
Car ce petit fripon sçait naturellement,
Tirer les vers du nez assez adroittement,
Ie sçauray si Lucinde: ha! ie voy cette belle,
Elle sort du logis Phenice est auec elle.

SCENE SIXIESME.

LE CAPITAN. LVCINDE. PHENICE.

LE CAPITAN.

OV portez vous ainsi, les Graces, les Amours,
Et toute la clarté qui fait mes plus beaux iours?

LVCINDE.

Monsieur, dans ce manchon ie ne porte qu'vn liure,
O l'importun fâcheux, que le Ciel m'en deliure.

LE CAPITAN.

N'auray-je pas l'honneur d'accompagner vos pas.

LVCINDE.

Non, Monsieur, point du tout, ou bien ie ne sors pas.

LE CAPITAN.

De grace permettez.

LVCINDE.

Non, i'y suis resoluë.

LE CAPITAN.

Vous le commandez donc de puissance absoluë.

LVCINDE.

Monsieur, ie vous en prie.

LE CAPITAN.

Hé Madame pourquoy?

LVCINDE.

Vous perdez vostre temps en l'employant pour moy,
Ie vous l'ay déja dit.

LE CAPITAN.

O miracle des belles,
Nous vaincrons par nos soins ces rigueurs naturelles,
Nous en viendrons à bout.

LVCINDE.

Ce ne sera iamais.

LE CAPITAN.

En voudriez vous jurer.

LVCINDE.

Ouy, ie vous le promets;

Et que vous auez beau solliciter ma mere,
Tous ces commandements ne sont qu'vne chimere;
Vous ne m'obtiendrez pas, on me verra deuant,
Espouser de bon cœur, la mort ou le Conuent.

LE CAPITAN.

Mais que vous ay-je fait pour m'estre si contraire?

LVCINDE.

Rien que m'importuner, & rien que me desplaire.

LE CAPITAN.

Cruelle, cét orgueil vn jour s'abaissera,

LVCINDE.

Adieu, ie vous ay dit tout ce qu'il en sera.

LE CAPITAN.

Vn mot, ie te veux faire vn present bien honneste.

PHENICE.

Monsieur, tous vos discours me font mal à la teste.

LE CAPITAN.

Si tu me veux seruir ie te feray du bien.

PHE-

PHENICE.

Vous le dites assez, mais vous n'en faites rien.

LE CAPITAN.

Vne Voiture vient dont ie feray largesse.

PHENICE.

Vous me ferez, au moins, gronder par ma Maistresse,
Adieu.

LE CAPITAN.

Voila comment ie trauaille sans fruit,
Lucinde me dedaigne, & le reste s'ensuit.

Fin du premier Acte.

ACTE SECOND.

SCENE PREMIERE.

LISANDRE.

ENFIN, voicy l'endroit où Lucinde demeure,
Et ie la reuerray poßible dans vne heure:
Ie reuerray les yeux dont ie fus enflâmé,
Et cette bouche encor par qui ie fus charmé,
Cét Oracle d'Amour, cette bouche de rose,
Qui toûjours adoucit les loix qu'elle m'impose.
Ie baiseray sa main qui dans ce qu'elle escrit,
Par des traits si charmants marque son bel esprit;
Mais si faut-il encor relire cette lettre,
Si le temps & l'Amour me le peuuent permettre;
Elle presse si fort mon amoureux desir,
Qu'il ne me reste pas vn moment de loisir.

LETTRE DE LVCINDE A LISANDRE.

VEnez en diligence, & parlez à Phenice,
Qui vous descouurira l'estat de nostre sort:
Nous n'auons plus d'espoir, qu'en vn seul artifice,
Où Lisandre seruira fort;
Mais qu'il manque, ou qu'il reüssisse,
Mon amour ne craint rien, non pas mesme la mort.
Lucinde, si i'entends la voix de cét Oracle,
Nous sommes trauersez par quelque grand obstacle.
Nostre heur est retardé par quelque empeschement,
Mais il faudra le vaincre ou mourir promptement.
Rien ne diuertira mon amoureuse enuie,
I'obtiendray cette Belle ou ie perdray la vie.
O que ie suis à plaindre en mon sort amoureux!
Ie vy dessous le joug d'vn pere rigoureux;
Qui ne sçauroit respondre à mon ardeur extréme,
Qui veut que i'estudie, & n'entend point que i'ayme.
Lucinde d'autre-part, tremble sous vne loy,
Qui la rend pour le moins esclaue autant que moy.
En ses desirs secrets, elle craint vne mere,
Qui ne luy parle point qu'auec vn front seuere;
Qui l'obserue sans cesse, & la suit en tous lieux,
Et qui pour la garder voudroit auoir cent yeux.

De m'aller descouurir ; cette femme chagrine,
Ne rebuttera pas ma naissance & ma mine,
Possible suis-ie fait à ne desplaire pas:
Mais comme l'on en vse en de semblables cas,
Sans doute elle voudra faire parler mon pere,
Et Dieu sçait quels seront ses transports de colere:
Cét esprit rude, auare, actif pour amasser,
De nourrir vne bru, se veut long-temps passer.
On le fera cabrer luy portant ces paroles,
Il me fera soudain retourner aux escoles,
Ie seray trop heureux, s'il ne me frape pas,
Mais quel homme indiscret accompagne mes pas,
Et me suiuant m'escoute en posture plaisante?

SCENE SECONDE.

PERIANTE. LISANDRE.

PERIANTE.

V*N qui ne te craint guere.*

LISANDRE.

Ha! c'est toy Periante,
Que fay tu dans Paris, qui te croiroit icy?

PERIANTE.

I'y ſuis depuis trois iours, & le Preuoſt auſſi.

LISANDRE.

Qui?

PERIANTE.

Lucile.

LISANDRE.

Mon Pere! ô le malheur eſtrange!

PERIANTE.

D'où vient que là deſſus le viſage te change?
Ie voy bien que Liſandre eſt party ſans congé;
Lucile n'en ſçait rien.

LISANDRE.

Non, tu l'as bien jugé,
Ie craindray qu'à mes yeux à toute heure il ſe montre,

PERIANTE.

Ne va point au Palais, ſi tu crains ſa rencontre.
Il plaide en cette ville;

LISANDRE.

Ha ! ie ſçay ce que c'eſt,
Et i'y ſuis arriué pour vn autre intereſt.

PERIANTE.

Seroit-ce point pour voir cette agreable fille,
De qui tu m'as parlé ? ſa mere à nom Manille ?

LISANDRE.

uy, c'eſt pour cela meſme.

PERIANTE.

Ha ! ie m'en doutois bien ;
Elle ne te haït pas ; mais quoy tu ne tiens rien.
Si tu pretends au moins l'auoir en mariage.

LISANDRE.

Cher amy que dis-tu ? ne tiens pas ce langage,
C'eſt bleſſer mon amour, & ſa fidelité.

PERIANTE.

Quand ie te parle ainſi ie dis la verité,
Tu n'y dois plus penſer.

LISANDRE.

Tréve de raillerie.

PERIANTE.

Enfin c'eſt au plus tard, demain qu'on la marie ;
Tout le monde le ſçait, les voiſins me l'ont dit.

LISANDRE.

Dieux ! ie ſuis tout confus ! ie ſuis tout interdit.
Lucinde m'eſcrit-elle vne ſi belle lèttre,
Où ſon affection me ſemble tout promettre,
Et doit iuſqu'à la mort me conſeruer ſa foy,
Pour me faire venir & ſe moquer de moy?

PERISANTE.

Poßible elle a voulu, comme elle eſt fort diſcrete,
S'excuſer de la choſe auant qu'elle fut faite ;
Deſgager ſa parole, & te dire comment
On la va marier ſans ſon conſentement.

LISANDRE.

O noire perfidie auec art deſguisée !
Mon eſperance ainſi ſeroit donc abusée ?
Comment tant de ſoupirs & de pleurs confondus,
En ſeruant ſa beauté ſeroient des ſoins perdus ?
Ha ! que viens-tu de dire ! ha ! que viens-ie d'entendre !
O perfide Lucinde ! ô malheureux Liſandre !
O Cieux ! quelle iniuſtice & quelle trahiſon !

PERIANTE.

Perdant cette Beauté, ne perds pas la raiſon.

LISANDRE.

O malheureux voyage ! ô fatale arriuée !

PERIANTE.

Vne femme perduë, vne autre eſt retrouuée.

LISANDRE.

O ! d'vn ſi lâche tour a-t-on iamais parlé?

PERIANTE.

Veux-tu pour t'en vanger deuenir tout pelé,
Laiſſe en paix tes cheueux, cette belle mouſtache
N'a point pour ce ſujet merité qu'on l'arrache.

LISANDRE.

Lucinde ſe marie? ha ! c'eſt trop diſcourir,
C'eſt trop, c'eſt trop parler, il eſt temps de mourir.

PERIANTE.

Tout beau, tout beau Liſandre.

LISANDRE.

Il faut que ie periſſe,
Il faut que tout mon ſang marque ſon iniuſtice;

De ce

De ce fer à ses yeux ie veux m'assaßiner.

PERIANTE.

Mais plutost sans la voir tu dois t'en retourner;
Tu sçais que tous les iours on peut prendre le coche.

LISANDRE.

O trop lâche inconstance! ô trop honteux reproche!
Mais encore de grace en flattant ma douleur,
Aprens-moy qui profite ainsi de mon malheur?
Est-ce vn homme de cœur, d'esprit & de naissance?
Du quartier qu'il habite as-tu la connoissance?

PERIANTE.

C'est vn homme venu des païs estrangers,
Qui dit qu'il a par tout affronté les dangers,
Qu'il a suiuy la guerre en toutes les contrées;
En vn mot, vn mangeur de charettes ferrées.

LISANDRE.

Son nom?

PERIANTE.

C'est Matamore.

LISANDRE.

Et son logis encor?

PERIANTE.

Si i'ay bonne memoire il loge au Lion d'or,
Car ce Balon enflé veut par gallanterie,
Vn Lion pour enseigne en son Hostellerie.

LISANDRE.

Quand luy-mesme seroit ce Roy des animaux,
Il se peut assurer d'auoir part à mes maux:
Sans courir quelque risque, il n'aura pas la joye
D'enleuer à mes yeux vne si belle proye.
Vn autre auroit ainsi le prix de mon amour?
Il en perdra la vie, ou ie perdray le iour.

PERIANTE.

On dit qu'il bat le fer dans les meilleures sales:

LISANDRE.

N'importe, nous verrons auec armes esgalles.

PERIANTE.

On tient qu'il est adroit.

LISANDRE.

Mon bras l'esprouuera.

PERIANTE.

Mais il peut s'excuser.

LISANDRE.

Mais il desgainera.

PERIANTE.

Il faudra l'auertir auant qu'on le menace
Qu'il court sur ton marché;

LISANDRE.

C'est assez qu'il le fasse.
Sans esclaircissement & sans plus de longueur,
Ie m'en vay le chercher pour luy manger le cœur.

PERIANTE.

Le Facteur de Manille en nostre Hostellerie,
Auecque son Valet a fait grande frairie:
Ils y boiuent encor.

LISANDRE.

Mais quel est ce Facteur?
Manille n'en a point.

PERIANTE.

Facteur, ou seruiteur,

C'est ce ventre affamé dont tu m'as dit merueilles,
Qui s'alterre tousiours en vuidant les bouteilles,
Qui pourroit aualer vn bœuf en vn repas,
Et qui pour tout cela ne se souleroit pas.

LISANDRE.

Ie connois bien qui c'est, quoy ce gosier auide
Hante ce Capitan ? le traistre ! le perfide !

PERIANTE.

En passant aupres d'eux i'entendois leurs discours,
Ils parloient assez haut.

LISANDRE.

Dequoy?

PERIANTE.

De tes amours:
Et par leur entretien i'ay sceu ton arriuée;
Qui seroit, disoient-ils, vne vaine coruée.

LISANDRE.

Ha ! si ie puis iamais attrapper ce maraut,
Ie l'en remercieray, mais i'entend comme il faut.

PERIANTE.

Adieu, ton seruiteur;

LISANDRE.

Hé ! de grace, demeure.

PERIANTE.

Ie cours au Messager qui s'en va dans vne heure.

LISANDRE.

Amy, pour adoucir de si cruels tourmens,
Veüille encor me donner au moins quelques momens.
Demeure encore vn peu, voicy ce Parasite
Que ie m'en vais traitter en homme de merite.

SCENE TROISIESME.

FRIPESAVCES. LISANDRE. PERIANTE.

FRIPESAVCES.

HA ! vous voila Monsieur, ie vous allois chercher
Pour vous dire trois mots.

LISANDRE.

Oses-tu m'aprocher?
Peux-tu bien sans rougir montrer ce front infame?
Toy qui sur mon malheur est si digne de blâme?

Traiſtre que mille fois i'ay ſauué de la faim,
Tu m'as bien-toſt vendu pour vn morceau de pain:
Ce fendeur de nazeaux, ce grand homme de guerre,
Qui ſans les grands chemins, n'auroit ny prez, ny terre,
A depuis mon abſence engraiſſé ton muſeau;
Vous auez bec à bec, mangé plus d'vn manteau:
Il s'eſt ſeruy de toy pour deceuoir Manille,
Et la porter ſi toſt à luy donner ſa fille:
Paraſite ſans cœur, ſans amitié, ſans foy,
Vn valet de bourreau vaut mieux cent fois que toy:
Il n'eſt pas ſi meſchant, ſi perfide, & ſi traiſtre,
Il ſert à la Iuſtice, il aſſiſte ſon Maiſtre,
Mais toy plus inhumain, Miniſtre de malheur,
Tu trompes ta Maiſtreſſe, & tu ſers vn voleur.
Ie te veux imprimer les marques de ma haine
Auec cent coups de pied.

FRIPESAVCES.

N'en prenez pas la peine.

PERIANTE.

Ha! ne t'emporte point ainſi mal à propos.

LISANDRE.

Nul ne m'empeſchera de luy caſſer les os,
De luy rompre les bras iuſques à l'omoplatte,
Et les jambes encor, il ſera cul de jatte:

Ie veux pocher ses yeux, ie veux l'essoriller,
Le ietter à vau l'eau, le boüillir, le griller.

PERIANTE.

Et puis apres cela l'enuoyer aux galeres.

FRIPESAVCES.

Monsieur, sur ce papier deschargez vos coleres,
Elles s'apaiseront, vous ne me ferez rien:
Ie voudrois que ma faim s'apaisast aussi bien.

PERIANTE.

Sans perdre plus de temps à luy chanter iniures,
Regarde ce papier, & prend bien tes mesures.

LISANDRE.

En suite, ie prendray le temps de l'espouster.

FRIPESAVCES.

Vous y pourriez faillir, gardez de deschanter.

LISANDRE.

O lettre de Lucinde! ô diuins caracteres!
Si remplis d'esperance & d'amoureux mysteres?
La consolation que ie reçoy de vous,
Merite que cent fois ie vous baise à genoux.

Amy, iusqu'au reuoir, ce que ie viens d'apprendre
M'oblige à te quitter.

PERIANTE.

Adieu donc cher Lisandre.
Mais contre ce valet ne t'emporte donc pas.

LISANDRE.

I'aymerois mieux cent fois me donner le trespas,
Puis qu'il m'a fait sçauoir cette bonne nouuelle.

FRIPESAVCES.

Sur le Pont d'Auignon, i'ay ouy chanter la belle.

SCENE QVATRIESME.

LISANDRE. FRIPESAVCES.

LISANDRE.

P*Ardon, mon cher Amy, de grace embrasse moy.*

FRIPESAVCES.

I'ay trop peu d'amitié, de memoire, & de foy.

LISANDRE.

Excuse des ardeurs qui n'ont point de pareilles;

FRI-

FRIPESAVCES.

Laissez-là nostre nez, nos yeux & nos oreilles.

LISANDRE.

Approche, approche-toy.

FRIPESAVCES.

Les valets des filous
Seroient trop honorez de s'approcher de vous.

LISANDRE.

Il faut par des effets suprimer nos paroles ;
Tien, tien pour t'apaiser, voila quatre pistolles.

FRIPESAVCES.

Quoy pour tant de gros mots? parlons de sens rassis ;
A quatre francs la piece il en faudroit bien six.
Il faut mieux compenser ces iniures atroces ;

LISANDRE.

Nous les compenserons quand nous ferons les nopces.
Dy moy donc le secret dont on m'escrit icy.

FRIPESAVCES.

Ce Fort, quoy qu'assiegé, ne se rend pas ainsy.

Il faudra que i'en voye auecque mes besicles,
La composition articles par articles:
Par vn certain secret qui n'a point de pareil,
Nous allons eluder Manille & son conseil,
Chasser le Capitan comme vn peteur d'Eglise,
Et vous loger chez nous sans aucune remise;
Vous tiendrez auiourd'huy Lucinde entre vos bras,
Sa mere en le voyant ne s'en fâchera pas,
Et mesme en exprimant vostre ardeur mutuelle,
Vous pourrez librement vous baiser deuant elle.

LISANDRE.

O que tu me rauis par ces discours charmans!
Dis-tu la verité?

FRIPESAVCES.

Creuez-moy si ie ments:
Blessez-moy de cent coups, que le bourreau m'acheue,
Mais si ie ne ments point il faut que ie me creve:
Il faut que le cousteau, s'escrimant en amy,
Fasse en la basse cour la saint Barthelemy:
Que tout le poulailler se sente du carnage;
Que l'on defonce vn muid, que dans le vin ie nage,
Que l'on n'espargne rien pour me rassasier,
Que ie mange mon saoul, i'entend iusqu'au gosier.

Que ie ne fasse rien que sauts & que gambades,
Qu'aller au cabaret, qu'aller aux promenades,
Qu'on ne desserue point tant que ie mangeray,
Qu'on ne m'esueille point tant que ie dormiray.

LISANDRE.

Tout cela t'est promis, dis-moy donc le mistere.

FRIPESAVCES.

Ie veux qu'il soit escrit, & pardeuant Notaire.
De plus, que si par fois on m'enuoye au marché,
Pour le compte, iamais ie ne sois recherché;
Quand bien ie ferrerois la mule.

LISANDRE.

Ouy dea, n'importe.

FRIPESAVCES.

I'entend que cela soit couché de bonne sorte.
Ha! tout le sang me bout, ie sors presque des gons;
Voicy ce Capitan, ce mangeur de Dragons,
Et qui si l'on en croit son discours ridicule,
Aualeroit vn Diable ainsi qu'vne Pilule.

SCENE CINQVIESME.

LE CAPITAN. CASCARET.
LISANDRE. FRIPESAVCES.

LE CAPITAN.

IL t'a dit tout cela?

CASCARET.

Ouy, tout de point en point.

LE CAPITAN.

Dis m'en la verité?

CASCARET.

Monsieur, ie ne ments point.
Entre les deux treteaux, dés ta quatriesme pinte,
Il m'a tout declaré.

LE CAPITAN.

Mais parle moy sans feinte,

CASCARET.

Ie ne feins point du tout.

LE CAPITAN.

C'est vn conte inuenté;

CASCARET.

Vn conte? nullement.

LE CAPITAN.

Dis, dis la verité.
T'a-t-il absolument parlé de cette sorte?

CASCARET.

Ouy, la peste m'estouffe, & le Diable m'emporte.

LE CAPITAN.

C'est assez.

FRIPESAVCES.

Escoutons, il parle à son valet.

LE CAPITAN.

Ha! ie l'estrangleray de mesme qu'vn poulet,
Ce Guespin d'Orleans, cette guespe importune,
Qui pense trauerser nostre bonne fortune.
Ce drosle, voudroit faire vn hymen clandestin:
Ie luy veux d'vn regard foudroyer l'intestin,
Luy rompre le brechet, auec plus d'vne coste,
Et s'il respire encore.

LISANDRE.

Il compte ſans ſon hoſte.
Nous verrons.

LE CAPITAN.

Pour montrer que mon cœur eſt ſans fiel,
Ie le feray ſauter iuſqu'au cinquieſme Ciel:
Afin qu'aux pieds de Mars, il luy demande grace
D'auoir osé choquer vn Prince de ſa race.

LISANDRE.

C'eſt trop, c'eſt trop ſouffrir.

FRIPESAVCES.

Vous l'auez entendu.

CASCARET.

Il faudroit bien le prendre, où tout ſeroit perdu.
Ces diables d'Eſcoliers portent touſiours la fronde
Dont ils caſſent la teſte à quiconque les gronde:
D'oreilles & de nez, ils font vn grand degaſt.

LE CAPITAN.

Il n'eſt point de Dauid pour vn tel Goliât.

CASCARET.

Monſieur, ſi c'eſtoit luy qu'ameine Fripeſauce?

LE CAPITAN.

Aprendroit bien-tost à quel point ie me chausse.

LISANDRE.

Nous le voyons fort bien, ce n'est qu'à douze points.

LE CAPITAN.

Si l'on ne m'a trompé, c'est à quatorze au moins.

LISANDRE.

Montrez-nous les talons, viste, que l'on destale.

LE CAPITAN.

Le tout est de bon cuir, de la botte Royale.

LISANDRE.

Ie dis que sans tarder, vous deslogiez d'icy.
Passez, & promptement.

LE CAPITAN.

I'allois passer aussi.

LISANDRE.

Sus, il se faut tirer quelque sang l'vn à l'autre.

LE CAPITAN.

Mon sang me fait besoin, vous connoissez le vostre,

Si vous en auez trop, ou s'il est alteré,
Que par quelque Barbier il vous en soit tiré.

LISANDRE.

Ie dis, tirons ce fer pour l'amour de Lucinde.

LE CAPITAN.

Elle sçaura fort bien que c'est vne Zolinde.

LISANDRE.

Tirez-là promptement, & nous la faites voir.

LE CAPITAN.

Elle se roüilleroit, car il s'en va pleuuoir.

LISANDRE.

Battons-nous seul à seul sans faire de vacarmes.

LE CAPITAN.

Lors qu'on est appellé, l'on a le choix des armes.
C'est à moy d'y penser.

LISANDRE.

Ie ne dis pas que non,
Choisis donc d'vn ganif iusques à vn canon.

LE

LE CAPITAN.

Afin qu'auec honneur l'vn & l'autre ſuccombe,
Il faudra quelque iour nous battre à coups de bombe.

LISANDRE.

O le plaiſant combat ! qu'il eſt bien deſſiné !

LE CAPITAN.

C'eſt ainſi qu'on eſpreuue vn cœur determiné.

LISANDRE.

Poltron, examiné ſi ie t'entens encore.

LE CAPITAN.

A qui donc parle-t-il ? mon nom c'eſt Matamore.

FRIPESAVCES.

O le braue guerrier !

CASCARET.

Laiſſe-le tel qu'il eſt.

FRIPESAVCES.

C'eſt vn Maiſtre de bale apporté de foreſt.

En vn beau iour de l'An, ce Maistre à la douzaine,
Se pourroit bien donner au Diable en bonne estrenne.
Que son cœur est petit quand on le vient sonder!

CASCARET.

Ne parle point à moy, tu me feras gronder.

LE CAPITAN.

Suy, suy ton bienfaicteur, gourmant insatiable,
Tu n'auras plus le bien de manger à ma table.

FRIPESAVCES.

Ie n'y mangeray plus? ha! voila bien dequoy,
Comment me traites-tu quand ie mange chez-toy?
De ces gardes-foyers de la rotisserie;
De quelque aloyau noir qui pût comme voyrie;
D'vn lapin qui sans teste à bien le goust d'vn chat,
D'vne oliue par fois qui nage dans vn plat,
De raues, de fenoüil, & de fanfaronades
Qui rendent pour huit iours les oreilles malades.

CASCARET.

Monsieur, laissez le dire.

FRIPESAVCES.

Il se fera tenir.

LE CAPITAN.

Hà ! si ie vais à toy.

FRIPESAVCES.

Tu n'as rien qu'à venir:
Mais arreste vn moment, auec de belles gaules
Nous allons à plaisir nettoyer tes espaules.
En compere, en amy, tu seras espousté,
Et iamais ton bidet ne se vit mieux frotté,
Bien que de le penser, la main d'vn Capitaine,
Par diuertissement prenne souuent la peine.

LE CAPITAN.

Ie t'auray, ie t'auray.

FRIPESAVCES.

Ne fais pas tant de bruit,

LE CAPITAN.

Pense à qui tu te prends.

FRIPESAVCES.

Lisandre, ô ! comme il fuit.

Au ſeul nom de Liſandre il deſtale bien viſte;
Iamais lievre lancé n'eſloigna mieux ſon giſte.
Caſcaret, au logis as-tu du linge preſt?
On prend la pleureſie en ſueur comme il eſt.
Ils feignent bien tous deux de ne me pas entendre;
Mais quoy, doublons le pas pour rejoindre Liſandre.

Fin du ſecond Acte.

ACTE TROISIESME.

SCENE PREMIERE.

FRIPESAVCES.

TOut va bien, tout va bien, nous auons achepté
Vn bel habit d'esclaue & défait vn pasté
D'vn lievre aussi rablu, d'aussi bonne stature,
Qui iamais iusqu'icy m'ait pû seruir de cure:
Car ce n'est qu'vne cure à ce chaut estomac,
Que la Nature a fait large comme vn bisac:
Douze pintes de vin en ont laué la toille,
Mais d'vn vin penetrant, & les os & la moüelle.
D'vn vin qui rend d'abord les esprits enchantez,
Et que l'on peut vanter pour quatre qualitez;
L'agreable couleur, le vert, le vin, la seue,
Enfin c'est du meilleur qui descende à la Greue.
Nostre Turc qui possible en a beu demistié,
En est plus beau d'vn tiers, & plus gay de moitié;

Il n'eſt plus Alcoran n'y Mahomet qui tienne,
Il apprendra de nous à boire à la Chreſtienne,
Nous en prattiquerons auſſi bien le meſtier
Que la Mothe Maſſas, & que François Paumier;
Mais voicy le galand, il le faut bien inſtruire,
C'eſt le temps à peu prés qu'il faudra le produire,
Auez-vous retenu ce que ie vous ay dit?

SCENE SECONDE.

LISANDRE. FRIPESAVCES.

LISANDRE.

CHer amy ie ne ſçay, ie ſuis tout interdit,
Le cœur me bat au ſein, ie tremble, ie friſſonne,

FRIPESAVCES.

Et qui vous fait trembler? vous ne voyez perſonne.

LISANDRE.

Tu ne ſçaurois penſer l'eſtat où ie ſeray
Quand ie verray ma ſœur, quand ie l'embraſſeray
Ie me ſens tout eſmeu, i'en ay deſia la fiévre?
Et mon ame s'apreſte à paſſer ſur ma levre.

FRIPESAVCES.

Ma foy s'il est ainsi, vous perdrez la raison:
A l'heure qu'il faudra iazer comme vn oyson,
Vous deuiendrez muet, & peut-estre Manille
Prendra quelque soupçon que vous aymez sa fille;
Que de son fils absent vous empruntez le nom,
Et venez comme vn masque apporter vn monmon;
Rengainez vostre amour, cachez sa violence,
Et vous souuenez bien des choses d'importance,
Il faut de la memoire à qui sçait bien mentir,
N'oubliez pas les noms de Iaffe ny de Thyr,
Vous citerez encor d'autres lieux de Syrie
Pour vous conduire enfin iusqu'en Alexandrie,
Où vous auez trouué ce Marchand Marseillois
Qui vous a reconnu pour Chrestien, pour François,
Pour natif de sa Ville, & d'honneste famille,
Et vous a rachepté.

LISANDRE.

Mais s'il faut que Manille
Me demande le nom de ce Marchand humain.

FRIPESAVCES.

Et bien! vous respondrez qu'il s'appelle Romain.

LISANDRE.

De taille?

FRIPESAVCES.

Mediocre, à qui le poil grisonne,
Et pour vn trafiquant assez bonne personne.

LISANDRE.

Son logis?

FRIPESAVCES.

Vers le port.

LISANDRE.

Sa femme & ses enfans?

FRIPESAVCES.

Vous direz qu'il est veuf depuis quatre ou cinq ans.
Ne sçauriez vous tout seul fonder cette fabrique?

LISANDRE.

Ie n'ay pas comme toy cette belle pratique:
Ie ne sçay point mentir.

FRIPESAVCES.

Allez, vous l'apprendrés,
I'entre dans la maison, suiuez-moy de bien prés.

LISANDRE.

Ie vais estudier mon discours & ma mine.

FRIPESAVCES frapant à la porte de Manille.

Allegresse, allegresse, en cuisine, en cuisine.

LISANDRE.

O Dieux ! qu'à cét abord mes sens seront charmez!
Ie croy qu'en nous baisant nous tomberont pâmez,
Et dans ces doux transports, i'ay bien sujet de craindre,
Que ma Maistresse & moy n'oublions l'art de feindre;
Il faut auec adresse en prenant vn faux iour,
Cacher bien ces baisers de salut & d'amour.

SCENE TROISIESME.

MANILLE. LISANDRE. FRIPESAVCES.
LVCINDE. PHENICE.

MANILLE.

LE Ciel par sa bonté veut donc que ie reuoye
Ce fils que i'ay creu mort, ô Dieux que i'ay de ioye!

LISANDRE.

Ha ! ma mere !

MANILLE.

Ha ! mon fils ! que ton retour m'eſt doux !
Ie t'ay pleuré cent fois.

LISANDRE.

Ie ne penſois qu'à vous.

MANILLE.

Eſt-ce donc toy mon fils ? eſt-ce toy cher Sillare ?
Qu'on enleua ſi ieune en vn païs barbare ?

LISANDRE.

Madame, vous voyez ce ioüet des malheurs,
Qui fut deſſus la mer le butin des voleurs,
Qui n'ayant que deux ans, ſe veid charger de cheſnes ;
Que ſon pere nourrit auecque tant de peines,
Trois ans dedans Thunis, & quatre dans Alger,
Car de Ville & de Maiſtre il nous falut changer.
Puis, nous fuſmes à Iaffe encore cinq années ;
Puis, comme l'ont voulu nos triſtes deſtinées,
Eſclaues malheureux de barbares Marchands,
Nous auons conſumé prés de cinq ou ſix ans
Dans le terroir d'Egypte, & dans Alexandrie,
Y regrettant touſiours noſtre chere Patrie :
Parmy tous les trauaux qu'on ſe peut figurer,
Et rien que le treſpas n'a pû nous ſeparer.

MANILLE.

Alcidor est donc mort ? ô nouuelle funeste !
Mais de quel accident ?

LISANDRE.

Il est mort de la peste,
Qui regnoit au grand Caire, & mettoit tout à bas ;
Le bon homme a rendu l'esprit entre mes bras,
Apres auoir au Ciel recommandé son ame,
Et parlé mille fois de Manille sa femme,
Qu'il croyoit à Marseille auec tous ses parents.

MANILLE.

O funeste recit ! que mes ennuis sont grands !
I'en ay le cœur serré, i'en perdrois la parole,
N'estoit que ton retour me charme & me console.
Que n'ay-je esté presente à la fin de ses iours !
Tu me feras au long tout ce triste discours.
Mais embrasse ta sœur.

LISANDRE.

Ma sœur qui m'est si chere !
O Lucinde ma sœur !

LVCINDE.

O Sillare mon frere !

LISANDRE.

Eſt-ce vous que ie tiens?

LVCINDE.

Eſt-ce vous que ie voy?

LISANDRE.

Eſt-ce vous chere ſœur?

LVCINDE.

Oüy, cher frere, c'eſt moy.

PHENICE.

Ha! Madame, quel heur! quelle reſioüiſſance!

FRIPESAVCES.

Sans doute auec le temps ils feront connoiſſance.

MANILLE.

Nourrice, en le voyant l'aurois-tu bien connu?

PHENICE.

Le cœur m'a dit, c'eſt luy, ſi toſt qu'il eſt venu.
Fripeſauces, a-t-il pas tout le haut de ſa mere?

FRIPESAVCES.

Mais ie croy que du bas il reſſemble à ſon pere.

MANILLE.

O Dieux ! qu'ils sont contents de pouuoir s'embrasser !

LVCINDE.

Ce m'est vn grand plaisir.

LISANDRE.

Ie ne m'en puis lasser.

FRIPESAVCES.

Il s'en pourroit lasser toutefois plutost qu'elle. Parlāt à Phenice,

PHENICE.

Le sang a bien rendu l'amitié mutuelle ;

MANILLE.

A peine ie me sens, la ioye & la douleur,
Au retour de mon fils ont partagé mon cœur.
Ie sens bien dans mon sang vn trouble qui me montre,
Que c'est assurément mon fils que ie rencontre ;
Mais i'ay creu que la chose iroit tout autrement,
Ie trouue vn sort bizarre en cét euenement.
L'auis que depuis peu i'ay receu de Prouence,
De reuoir Alcidor me donnoit esperance.
Le Dimanche passé ie le lisois encor,
Et ie reuoy Sillare & non pas Alcidor.

Contre ce qu'on m'escrit, contre ce que i'espere,
I'ay retrouué le fils, & i'ay perdu le pere.

FRIPESAVCES.

Ceux qui vous ont escrit, par mesgarde ont manqué,
On a mis l'vn pour l'autre, on s'est equiuoqué.

MANILLE.

Il faut que cela soit, mais que ces auantures
Referment en mon cœur, & r'ouurent de blessures!
Apres auoir pleuré l'enfant que i'ay nourry,
Ie me voy donc reduite à pleurer mon mary.
Que n'as-tu le bonheur de ramener ton pere?
Mais tu nous rends au moins vne chose bien chere.
Entrons pour nous asseoir, & parler à loisir.

FRIPESAVCES.

Monsieur, pour le souper.

LISANDRE luy donnant sa bourse.

Fais selon ton desir.
Tu pourras employer trois ou quatre pistolles.

FRIPESAVCES.

Acheuons de bien faire en debittant nos roolles:

Soyez bien circonspect pour venir à vos fins,
Prenez garde à Manille ; elle a les yeux bien fins.
Auec sa mine douce, elle est matoise en diable.

LISANDRE.

Va, i'auray soin de tout, ô malheur effroyable !
Ce fantosme fâcheux que i'apperçois là bas,
M'a veu dans le visage, & vient au petit pas ;
C'est mon pere, c'est luy qui plaide en cette Ville,
Que pourray-je inuenter qui ne soit inutile?

SCENE QVATRIESME.

LVCILE. LISANDRE.

LVCILE.

OVy, ouy, voila mon fils, voila mon desbauché,
Lors qu'il m'a veu paroistre, il s'est soudain caché.
Dis moy? quelle gageure, ou quelle humeur fantasque,
Auant le Carnaual te fait aller en masque?
Qui t'a mis sur le front ce bourlet de bassin?
Porte-tu des monmons, apprens moy ton dessein.

LISANDRE.

Monsieur, vous me prenez sans doute pour vn autre,
Passez vostre chemin.

LVCILE.

O Dieux! le bon Apostre!
Est-il poste effronté qui le soit à ce point?
Tu ne me connois pas?

LISANDRE.

Ie ne vous connois point.

LVCILE.

Quelles desloyautez! quelles ingratitudes!
Quoy? tu n'es pas mon fils que i'ay mis aux Estudes?
Lisandre, fils d'Orante, & natif d'Orleans?

LISANDRE.

Non, ie viens de sortir des mains des mescreans,
Marseille m'a veu naistre, & pris auec mon pere,
I'ay souffert à Thunis vne longue misere.
Nous auons là porté plus de seize ans les fers,
Et souffert tous les maux que l'on souffre aux Enfers.

LVCILE.

O discours ridicule!

LISANDRE.

O lamentable histoire!

LV-

LVCILE.

Ie ne m'abuſe pas.

LISANDRE.

Vous me pouuez bien croire.

LVCILE.

Traitte mieux qui te parle auec tant de douceur.

LISANDRE.

Ouy, Manille eſt ma mere, & Lucinde eſt ma ſœur;
Et ie n'ay commencé d'eſtude de ma vie,
Si ce n'eſt à ramer ſur la Mer de Syrie.
Maudite ſoit l'eſtude, & le Maiſtre à iamais.
Trouuez bon là deſſus de me laiſſer en paix.

LVCILE.

Ie ne me trompe point, il me dit des ſornettes.

LISANDRE.

Il n'eſt point de beſoin de tirer vos lunettes.

LVCILE.

Ie ne me trompe point, ce ſont traits de matois,
Ie reconnois fort bien ſon viſage & ſa voix.

LISANDRE.

S'il faut que par malheur vostre fils me ressemble,
Pour Dieu cherchez-le ailleurs, & raisonnez ensemble.

SCENE CINQVIESME.

PHENICE. LISANDRE. LVCILE.

PHENICE.

LIsandre, venez donc, qui vous arreste icy?

LISANDRE.

A-ton accoustumé de me nommer ainsy?
Comment m'appelles-tu? l'aduanture bizarre!

PHENICE.

La langue m'a fourché, ie veux dire Sillare.

LVCILE.

Hé bien! tu n'es donc pas mon fils?

LISANDRE.

Moy? point du tout.
Ces discours ennuyeux n'auront-ils point de bout?

PHENICE.

Entrez donc promptement.

LISANDRE.

Ce vieux homme seuere
M'arreste de la sorte, & dit qu'il est mon pere.

PHENICE.

C'est qu'il a la berluë, & quand on deuient vieux,
On est de ta maniere estrange & lubieux.

LVCILE.

Ie n'ay point de berluë, & n'ay point de lubie.

PHENICE.

Vous ne le croyez pas.

LVCILE.

Ny n'en eus de ma vie.
Mais vous parlez vous mesme en fille de berlan.

PHENICE.

De berlan? parlez mieux, allez vieux allebran,
Simulacre plastré, anticaille mouuante,
Squelette descharné, sepulture ambulante,

Monopoleur insigne, & maistre des larrons,
De qui les coins des yeux semblent des esperons,
Et de qui chaque tempe est creusée en sauciere,
Attens-tu donc icy la croix & la baniere?
Si, mais ie dis bien-tost, tu ne t'en vas plus loin,
Ton nez s'enrichira de quelque coup de poing.

LVCILE.

On ne doit point fraper des hommes de mon âge.

PHENICE.

Va-t-en donc promptement, tu ne feras que sage.
Moy fille de Berlan? penard iniurieux
Ie pourrois t'arracher les prunelles des yeux,
Et te dauber si bien.

LVCILE.

Arrestez ie vous prie.

PHENICE.

Qu'il en seroit parlé.

LVCILE.

N'entrez point en furie;
Excusez le transport de mon iuste courroux,
I'en voulois à mon fils qui vient d'entrer chez vous.

PHENICE.

Luy? s'il est vostre fils, Lucinde est vostre fille,
C'est le fils d'Alcidor, c'est le fils de Manille.

LVCILE.

Hé! dites, dites vray.

PHENICE.

Quoy? ce n'est point mentir;
Il reuient de Thunis, d'Alger, de Iaffe & Thyr,
Du Caire, & d'vne mer plus grande que la France,
Il a de son vaisseau passé par la Prouence.

LVCILE.

Et puis par Orleans pour prendre son quartier,
Et le venir dependre à faire vn beau mestier.

PHENICE.

Vne oreille vous corne, & vous fait mal entendre.

LVCILE.

Comment s'appelle-t-il?

PHENICE.

Sillare.

LVCILE.

Ou bien Lisandre ;
C'est ainsi ainsi que tantost vous l'auez appellé.

PHENICE.

Des discours d'vn Romant i'auois l'esprit broüillé,
Et venant appeller Sillare à l'improuiste,
Ie pensois appeller Lisandre de Caliste.

LVCILE.

O la fourbe plaisante ! exprimée en trois mots !

PHENICE.

Ne venez point icy nous conter des fagots.
Si vous ne le croyez, charbonnez-le bon homme.
Cét enfant est à nous, & Sillare il se nomme.

LVCILE.

Hé ! de grace, espargnez vn peu la verité.

PHENICE.

Il me fera tourner ma coëffe de costé.

LVCILE.

Ma fille, ie suis vieux, i'ay de l'experience,
Et ie sçay ce que vaut la paix de conscience.

Parlons plus franchement.

PHENICE.

Ma foy vrayment c'est mon,
Le voila bien campé pour nous faire vn sermon.

LVCILE.

Mais ne nous faites point de bruit ny de reproches.

PHENICE.

Le voila bien vuidé pour tourner quatre broches.

LVCILE.

Hé! de grace, employons des termes plus humains.

PHENICE.

Monsieur, adieu, bon soir, ie vous baise les mains,
Vne bille, vn tambour, vne coëffe à cornette,
Vne citroüille, vn cocq, de l'espine vinette,
C'est en bon baragoüin, tire, passe sans flus,
Abandonnez cét huis, & n'y reuenez plus,
Ou sur l'estuy chagrin de ce cerueau malade,
I'yray bien-tost verser vn pot de marmelade.

LVCILE.

Quel discours? & quel pot? suis-je au païs des fous?

PHENICE.

C'est vn pot à pisser tout preparé pour vous.
Attendez seulement.

SCENE SIXIESME.

LE CAPITAN. PHENICE. LVCILE.

LE CAPITAN.

Quel courroux vous transporte?

PHENICE.

C'est vn fou qui sans cesse aßiege nostre porte,
Et nous vient estourdir de ses illusions,

LVCILE.

Ie parlois de mon fils.

PHENICE.

Ce sont des visions.

LVCILE.

Voudroit-on bien m'oster les sentimens de pere?

PHE-

PHENICE.

Vous m'obligeriez fort si vous le faisiez taire.

LE CAPITAN.

De mesme que l'on couppe vn petit brin d'ozier,
Ie m'en vais luy trencher la nuque & le gozier.

LVCILE.

Tout beau, tout beau, Monsieur, ne querellez personne,
Nous sommes du mestier, bien que ce poil grisonne.

LE CAPITAN.

Dites vostre inmanus, ou bien doublez le pas.

LVCILE.

Monsieur, encore vn coup, ne vous emportez pas,
Sçauez-vous qui ie suis?

LE CAPITAN.

Vne barbe assez salle.

LVCINDE.

Et que ie suis Preuost?

LE CAPITAN.

Comment? Preuost de Salle?

Monſieur, excuſez-moy, ie vous dois tout honneur;
Commandez s'il vous plaiſt à voſtre ſeruiteur.
Sur cette qualité i'ay changé de pensées.

LVCILE.

Monſieur, ie ſuis Preuoſt d'vne Mareſchauſſée.

LE CAPITAN.

N'importe, i'ay ce titre en veneration;
C'eſt vne qualité dont ie crains l'action.

LVCILE.

Ne vous en moquez point, pour vn gibier ſemblable
Nous auons des levriers qui vont comme le Diable.

LE CAPITAN.

De leurs dents toutefois nous ſeront eſpargnez.

LVCILE.

Nous reuiendrons bien-toſt & mieux accompagnez.

SCENE SEPTIESME.

MANILLE. LE CAPITAN.

MANILLE.

QVel vacarme & quel bruit se fait deuant ma porte?
Aupres des gens d'honneur en vser de la sorte?
C'est auoir grand respect pour nostre logement,
Que de faire si pres vn esclaircissement.

LE CAPITAN.

Ha! Madame, excusez vne humeur chaude & prompte.

MANILLE.

Comment vous excuser? n'auez-vous point de honte?
Contre vn vieillard caduc, & foible & desarmé,
Mettre l'espée au vent? vous en serez blâmé.
Dés-là i'en rabas quinze, est-ce auoir du courage
Que de se vouloir prendre aux hommes de cét âge?
Ie me détrompe fort, & choisirois fort mal
Si ie prenoois iamais vn gendre si brutal.

LE CAPITAN.

Madame, ce n'estoit qu'vne galanterie.

MANILLE.

A d'autres : de là haut i'ay veu cette furie ;
Mon fils de chez les Turcs depuis peu reuenu,
Encor que ce vieillard luy soit fort inconnu,
Voyant vne action si lasche & si vilaine,
En est si fort esmeu qu'on le retient à peine.
Là haut auec sa sœur ie viens de l'enfermer ;
De peur que son courroux que i'ay veu s'allumer,
Au défaut d'vne espée empoignant vne broche,
Ne vous fit sur cét acte vn plus sanglant reproche.

LE CAPITAN.

Madame, ie l'aurois satisfait sur ce point.
Mais quel est donc ce fils dont vous ne parliez point?

MANILLE.

C'est Sillare : ce fils que ie pleurois naguere ;
Qui fut dans vn esquif pris auecque son pere.
Dés l'âge de deux ans mis en captiuité,
Et que depuis trois mois quelqu'vn a rachepté.

LE CAPITAN.

C'est vne chose estrange, & difficile à croire ;
Vous disiez l'autre iour, si i'ay bonne memoire,

Que de certains Marchands trafiquans à Memphis,
Escriuoient qu'Alcidor reuenoit sans son fils:
Et pour montrer la chose encor plus assurée,
Ils marquoient ce fils mort d'vne fiévre pourprée;
Et qu'en certain endroit Alcidor auec deüil,
Auoit luy-mesme mis son enfant au cercüeil.

MANILLE.

C'est de cette façon qu'on m'escriuoit naguere:
Mais c'est que l'on a mis le fils au lieu du pere.
Ce Marchand à la haste escriuant cét auis,
Nous designoit ainsi le pere pour le fils.
Ces Marchands de leur fait ont la teste troublée.

LE CAPITAN.

Cette affaire pourtant peut estre desmeslée.
Dites-moy, vostre fils auoit-il quelque sein
Sur le bras, sur la jambe, au dos ou sur le sein?
Au col, dessus l'espaule, ou dessus le visage?
Qui de ces veritez vous rende tesmoignage?

MANILLE.

Apres vingt ans passez dans vn si grand ennuy,
Il ne me souuient plus d'Alcidor ny de luy,

Mais il nous a donné de tout plus d'vne enſeigne.
Il n'eſt point chez les Turcs de lieu qu'il ne deſpeigne.

LE CAPITAN.

Mais parle-t-il bon Turcs?

MANILLE.

Bon Turc? ie n'en ſçay rien.

LE CAPITAN.

Il faut le confronter à quelque Armenien;
Qui ſçache le païs, qui ſçache le langage,
Pour voir s'il n'a point fait vn fabuleux voyage.
La tromperie eſt grande au ſiecle où nous viuons;
Et nous ne diſons pas tout ce que nous ſçauons.

MANILLE.

Et quoy? que ſçauez-vous, parlez donc?

LE CAPITAN.

Ie le celle,
Pour ne m'engager pas à faire vne querelle.

MANILLE.

C'eſt fort bien fait à vous; voicy de nos fendans
Qui querellent ſi bien les gens de ſoixante ans.

Ces vaillans circonspects, & faits de la maniere,
A ne vous rien celer, ne me reuiennent guere.

LE CAPITAN.

Madame.

MANILLE.

Brisons là.

LE CAPITAN.

Mais ie vous veux prier.

MANILLE.

Mais, ma fille, Monsieur n'est plus à marier.

LE CAPITAN.

C'est s'emporter beaucoup pour chose si petite;

MANILLE.

Ie ne m'emporte point, la chose le merite.
I'aurois pris pour bastir vn mauuais fondement;
Adieu, Monsieur, adieu, voyons-nous raremens.

LE CAPITAN.

Madame, encore vn mot; elle est ma foy colere.
Tandis l'Orleannois là dedans fait grand chere:

Mais les inuentions viendront à me manquer,
Ou deuant qu'il ſoit peu ie vais le debuſquer.
Eſloignons-nous tandis, de peur de quelque orage,
Que pourroit exciter cette femme peu ſage.

Fin du Troiſieſme Acte.

ACTE

ACTE QVATRIESME.

SCENE PREMIERE.

LE CAPITAN. CASCARET.

LE CAPITAN.

POVSSE' de l'intereſt, ou pouſſé de l'Amour,
L'Eſcolier d'Orleans ſans doute a fait le tour,
Il paſſe maintenant pour enfant de Manille,
Et ſous vn ſi beau titre il ſeduira ſa fille;
Et ce fourbe ſubtil, ce laſche ſuborneur,
Aura de leur maiſon, & les biens & l'honneur.

CASCARET.

L'artifice, Monſieur, ſi ie m'y ſçay conneſtre,
N'eſt pas tour d'Eſcolier, mais vn vray tour de Maiſtre.

LE CAPITAN.

Quoy, ſi facilement croire cét inconnu.

CASCARET.

Si vous eußiez bien fait vous l'eßiez preuenu ;
Et vous serez long-temps en vne peine extrême,
Si vous n'vsez encor d'vn pareil stratageme.

LE CAPITAN.

Enuoyer la dedans quelque feint Alcidor?

CASCARET.

Ouy, ouy, ie vous l'ay dit, & vous le dis encor.

LE CAPITAN.

La chose absolument n'est pas sans apparence,
Munille m'a paru de facile croyance,
Si l'homme que tu dis adroit & bien instruit,
Pour estre son Espoux ainsi s'estoit produit ;
De l'humeur dont elle est elle pourroit le croire,
Car de son Alcidor elle a peu de memoire ;
Il s'y faudra resoudre apres auoir resvé,
Mais où trouuer cét homme?

CASCARET.

Il est desia trouué,
Ne vous ay-je pas dit qu'en nostre Hostellerie,
I'ay fondé là dessus vne barbe fleurie,

Vn vieillard estranger qui pour vingt escus d'or
Ira se presenter sous le nom d'Alcidor,
Se dira hautement le mary de Manille,
Et soustiendra fort bien que Lucinde est sa fille;
Pour vn si beau dessein ie l'ay fort bien instruit,
Et par des mouuemens que l'interest produit,
Sur l'attente de faire vne si belle proye;
Il a tressailly d'aise, il a pleuré de ioye,
Repetant apres moy tout ce que i'auois dit,
Il vous a pris le ton d'vn homme de credit;
Il a fait ce recit d'vne façon si tendre,
Que vous auriez versé des larmes à l'entendre;
Vous ne vistes iamais vn plus hardy galand,
C'est pour ioüer ce role vn acteur excellent.

LE CAPITAN.

Il faut donc l'employer, mais où le peut-on prendre?

CASCARET.

Dans cette mesme place il doit bien-tost se rendre.
Il contoit auec l'Hoste, il payoit son repas,
Et doit venir bien-tost, il marche sur mes pas,
N'apperceuez-vous pas vne casaque bleuë?
Tout en parlant du loup nous en voyons la queuë.
Il est comme de cire.

LE CAPITAN.

Il est assez bien fait.

CASCARET.

Il parle, escoutons bien, c'est vn homme à souhait.

SCENE SECONDE.

ALCIDOR. LE CAPITAN. CASCARET.

ALCIDOR.

Comme apres la tempeste il vient vne bonnace,
De mesme le bonheur succede à la disgrace ;
Le repos suit la peine, & ne conserue rien
Des aigreurs du tourment dans la douceur du bien.
Aujourd'huy que ie suis deliuré de mes peines,
Auec contentement ie regarde mes chesnes,
Ie pourray sans ennuy parler de ma prison,
Si ie puis sain & sauf regagner ma maison.

CASCARET.

Qui pourroit d'Alcidor estre mieux la peinture.

LE CAPITAN.

Voila ce qu'il nous faut, ô l'heureuse aduanture.

ALCIDOR.

Ie reuerray Manille apres tant de malheurs.

CASCARET.

En parlant de Manille il a versé des pleurs.

ALCIDOR.

Ie reuerray Lucinde.

LE CAPITAN.

Il a bonne memoire.

ALCIDOR.

Les trouuer à Paris, ha ! qui l'auroit pû croire;
Mais Sillare auec moy tu deuois reuenir.

CASCARET.

Il a fort bien de tout gardé le souuenir.

ALCIDOR.

Nous fusmes separez par vn sort trop seuere;
Ie recouuris tes os d'vne terre estrangere,
Et par vn grand bonheur i'aprens qu'vn inconnu,
Pour dißiper mes biens en ta place est venu.
Mais i'empescheray bien cette iniuste entreprise,
I'ay le cœur assez vert sous cette barbe grise.

CASCARET.

Ie veux que d'vn leuier on m'berne comme vn chien.

LE CAPITAN.

Ie m'en vay luy parler.

CASCARET.

S'il ne reüßit bien.

LE CAPITAN.

Estranger, quatre mots.

ALCIDOR.

Plutost vne douzaine.

LE CAPITAN.

Vous allez obliger vn braue Capitaine.

CASCARET.

Il le reconnoistra vous le pouuez iuger.

ALCIDOR.

C'est moy-mesme en cela que ie vais obliger,
Et ce ne sera point pour vn gain deshonneste.

LE CAPITAN.

Il n'est pas mal adroit.

CASCARET.

Ce n'est pas vne beste.

LE CAPITAN.

Mais souuenez-vous bien de dire qu'à Memphis,
Vous auez de vos mains enterré vostre fils.

ALCIDOR.

Puis-je dire cela sans respandre des larmes.

LE CAPITAN.

Tant mieux pour esmouuoir, ce sont de puissans charmes.

ALCIDOR.

Helas!

LE CAPITAN.

Bon, soûpirez.

ALCIDOR.

Lors que la mort le prit,
Ce fut entre mes bras qu'il vint rendre l'esprit.
O souuenir amer!

LE CAPITAN.

C'est ainsi qu'il faut dire.

CASCARET.

Ha! Monsieur, qu'il est bon, voyez comme il soûpire.

LE CAPITAN.

Il n'est pas mal instruit.

CASCARET.

Il sçait bien sa leçon,
Et s'en va declamer d'vne bonne façon.
Pour patron du logis faites vous reconnestre.

ALCIDOR.

Montrez-moy ce logis, i'y vay fraper en Maistre.

LE CAPITAN.

En suite vous ferez succeder mon desir.

ALCIDOR.

Il en faudra traiter auec plus de loisir.

SCENE TROISIESME.

ALCIDOR. FRIPESAVCES. PHENICE.
LE CAPITAN. CASCARET.

ALCIDOR.

Hola.

FRIPESAVCES à la feneſtre.

Qui heurte ainſi? quelque gueux d'importance;
Les pauures d'aujourd'huy n'ont point de patience.

ALCIDOR.

Ouurez viſte.

FRIPESAVCES.

Attendez que nous oſtions les plats,
Nous verrons ſi pour vous nous n'auons rien de gras.

ALCIDOR.

Ouurez-moy ſeulement, gras ou maigre il n'importe.

PHENICE.

Ie penſe que tu veux enfoncer noſtre porte.
Voyez comme ces gueux deuiennent effrontez.

ALCIDOR.

Ie ne ſuis point vn gueux, ouurez, diſ-je, & ſortez,
Regardez qui vous parle.

PHENICE.

O Dieux ! quelle impudence.

ALCIDOR.

I'ay plus d'authorité ceans que l'on ne penſe.

CASCARET.

Monſieur, ie ſuis vn ſot, ou c'eſt bien commencé.

PHENICE.

Fripeſauces, va donc chaſſer cét inſensé.

ALCIDOR.

Vous pouuez vous tromper en tenant ce langage :
Manille en me voyant ſçaura ſi ie ſuis ſage.

PHENICE.

O comme en me parlant il a roüillé les yeux,
Ie n'ayme point ces fous qui ſont ſi furieux.

FRIPESAVCES ouurant la porte.

Tu demandes Manille, hé ! que luy veux-tu dire ?

ALCIDOR.

D'agreables propos dont tu ne dois pas rire.

FRIPESAVCES.

I'en ris à pleine gorge, & ne sçay ce que c'est.

ALCIDOR.

Tu n'y trouueras pas tantost ton interest.
Va, dis luy seulement qu'Alcidor la demande.

FRIPESAVCES.

Fut-il iamais parlé d'impudence plus grande!
Ces propos à la fin me mettroient en courroux,
Quel est cét Alcidor?

ALCIDOR.

Alcidor son Espoux.
Qui fut pris par les Turcs aux costes de Marseille,
Et qu'on a rachepté.

FRIPESAVCES.

O fourbe sans pareille!
O le plaisant vieillard!

ALCIDOR.

O le fâcheux maraut.

CASCARET.

Il ne se défait point.

LE CAPITAN.

Il le prend comme il faut,
Mais tirons nous plus loin.

FRIPESAVCES.

Ha ! i'ay veu qui t'ameine.
C'est vne inuention de nostre Capitaine.
O que le trait est drole ! & qu'il est bien instruit.

SCENE QVATRIESME.

LVCINDE. PHENICE. ALCIDOR. FRIPESAVCES.

LVCINDE.

QVelle raison vous porte à faire tant de bruit?

FRIPESAVCES.

Ce captif rachepté dit qu'il est vostre pere.

ALCIDOR.

O Cieux ! ie la voy donc cette fille si chere !

Lucinde vostre pere est enfin de retour ;
Vous voyez deuant vous qui vous a mise au iour.

LVCINDE.

Vous ? vous estes mon pere ?

ALCIDOR.

Il est tres-veritable.

PHENICE.

Ha ! qu'il est ridicule !

LVCINDE.

Ha ! qu'il est admirable !
Si pour nous abuser il n'est point aposté,
Il nous esclaircira de cette verité.

ALCIDOR.

Ie le veux ; de bon cœur, i'ay la memoire bonne,
Quand ie fus pris des Turcs nous estions dans l'Automne
Vous pouuiez bien auoir enuiron treize mois,
Et i'ay veu vostre corps tout nud plus d'vne fois.

LVCINDE.

Il me fera rougir, adieu ie me retire.

ALCIDOR.

Ne vous retirez point, pour dieu laissez-moy dire.

Vostre mere en grossesse eut vn goust depraué,
Et sous ce teton droit qu'on voit si releué,
Fit par cét appetit former vne groselle,
Qui durant la saison semble assez naturelle.

LVCINDE.

Ma mere a diuulgué cette marque en mon sein.

ALCIDOR.

Mais sur la cuisse encor n'auez-vous pas vn sein.

LVCINDE.

De qui l'a-t-il apris? ie suis toute confuse.

PHENICE.

C'est possible vn Boheme, & c'est leur moindre ruse.

FRIPESAVCES.

Ils disent bien souuent ces choses par hazard.

LVCINDE.

Du diuertissement mon frere aura sa part.

SCENE CINQVIESME.

LVCINDE. ALCIDOR. FRIPESAVCES.
PHENICE. LISANDRE.

LVCINDE.

Sillare, approchez-vous.

ALCIDOR.

Est-il d'autre Sillare
Que celuy qui mourut en vn païs barbare,
Ce fils qu'en des trauaux, & des maux si cuisans,
I'ay veu dessous les fers pres de douze ou treize ans.

FRIPESAVCES.

Iamais Comedien ne ioüa mieux son role:
Mais ie vais l'arrester d'vne seule parole.
Ie ne m'estonne pas de ce qu'il parle ainsi,
I'ay fort bien veu les gens qui l'ont conduit icy.
Vn certain Capitaine, adroit, dispos, allaigre,
Qui parle incessamment, & va comme vn chat maigre,
Durant que tu heurtois ne te suiuoit-il pas?

ALCIDOR.

Il a iusqu'à la porte accompagné mes pas.

FRIPESAVCES.

Et c'estoit Matamore, en faut-il dauantage
Pour montrer clairement d'où vient ce tripotage?

LVCINDE.

Par ce qu'il nous confesse, il nous découure tout.

ALCIDOR.

A d'autres, nous mettront toute l'affaire à bout.

LISANDRE.

Ma sœur, il nous fait voir malgré sa rethorique,
Que c'est vn Alcidor de nouuelle fabrique.

ALCIDOR.

Enfin cét Alcidor âgé de soixante ans,
Reconnoistra fort bien sa femme & ses enfans.

SCENE

SCENE SIXIESME.

LVCINDE. MANILLE. FRIPESAVCES. LISANDRE. ALCIDOR. PHENICE.

LVCINDE.

O Dieux ! ma mere vient ! ô que ie ſuis troublée !

MANILLE.

Que faites-vous icy ? voila belle aſſemblée.
Et vous deuez, ſans doute, auoir quelque raiſon
Pour me laiſſer ainſi ſeule dans la maiſon.

ALCIDOR.

Ha ! ma chere Manille ! hé que ie vous embraſſe !

MANILLE.

Quel eſt cét inſensé, d'où luy vient cette audace ?

ALCIDOR.

O ma vie ! ô mon cœur !

FRIPESAVCES.

Allez, retirez-vous,
Madame n'ayme pas les careſſes des fous.

ALCIDOR.

Si ie suis insensé, c'est de la seule joye
Que me donne le Ciel souffrant que ie la voye:
Ha! que ie suis heureux de la voir en ce point!

MANILLE.

Croit-il estre Alcidor, ne se mocque-t-il point?

LISANDRE.

C'est vn Docteur subtil, des fourbes c'est le maistre.

ALCIDOR.

Et vous vn imposteur qu'on sçaura reconnestre.

LISANDRE.

Impudent.

MANILLE.

Arrestez, & le laissez parler.

ALCIDOR.

Dans ma propre maison tu m'oses quereller;
Mais ie te feray voir que i'ay tant de courage,
Qu'on se met en danger alors que l'on m'outrage.

LISANDRE.

Madame permettez.

MANILLE.

Me perdre le reſpect?
C'eſt ce qui l'authoriſe, & qui vous rend ſuſpect.
Rentrez pour diſſiper cette humeur ſi mauuaiſe,
Ie veux à ce vieillard parler tout à mon ayſe.
Vous, tenez-vous plus loin.

PHENICE.

O Dieux! tout eſt perdu!

ALCIDOR.

Manille, ce galand qui fait de l'entendu,
S'il ſe dit voſtre fils, vous abuſe & vous trompe,
I'ay peur que ſous ce nom noſtre fille il corrompe.

MANILLE.

Mais vous qui hardiment vous dites mon Eſpoux,
Il faut premierement mieux prendre garde à vous.

ALCIDOR.

Remettez-vous vn peu les traits de mon viſage,
Mon alleure, mon port, ma façon, mon langage.

MANILLE.

I'en reconnois quelqu'vn, mais ce n'eſt pas aſſez.

O y

ALCIDOR.

Ce long eſloignement les a-t-il effacez?
O Dieux! plus cherement i'ay gardé la memoire,
D'vn ſoir que ie vous vis deſſus les bords de Loire.
Ne vous ſouuient-il plus de l'aymable ſejour
Où ie vous declaré l'excés de mon amour?
Lors que voſtre pudeur en oyant ce langage,
D'vn ſubtil vermillon couuriſt voſtre viſage?
Et comme dans la ville apres vn long tourment,
I'obtins de voſtre bouche vn doux conſentement?

MANILLE.

Tout cela ne dit rien.

LISANDRE.

Ha! que i'en ſuis rauie!

MANILLE.

Tout Orleans a ſceu cét endroit de ma vie.
Mais me diriez-vous bien le ſonge que ie fis,
Trois iours auant que perdre Alcidor & mon fils?

ALCIDOR.

Ie croy le pouuoir dire auec toute aſſeurance.

MANILLE.

Parlons bas.

PHENICE.

Comment donc? ils ſont en confidence?

LVCINDE.

Phœnice, c'eſt mon pere, il n'en faut point douter.

PHENICE.

Quoy? ſi facilement ſe laiſſer affronter?
Comment? cét impoſteur, cé conteur de nouuelles,
Viendra s'inſinuer pour rogner nos eſcuelles?
Il reuient de la mer tout ſeul dans trois batteaux,
Afin de nous gronder & tailler nos morceaux.
Auec ſes caleçons, auec ſon bout de chaine,
Voyez, n'eſt-il pas fait d'vne belle deſguaine?
O le plaiſant faquin! le voila reuenu,
Il n'a qu'à diſcourir il ſera reconnu.
On en reconnoiſt tant de faits de cette ſorte,
S'il ne s'en peut aller que le Diable l'emporte.
Quand ſept ans & le iour d'apres ſont expirez,
La femme & le mary ſont-ils pas ſeparez?
Lors que l'on a paſſé cette longueur d'abſence,
Eſt-on tenu de faire vne reconnoiſſance?
Apres quinze ou ſeize, ans vn grand barbon viendroit
Dire, c'eſt moy, mon cœur, & l'on le reprendroit?
De ſemblables aueus ne ſont plus à la mode,
Et cette bonne foy ſeroit trop incommode.

Qu'il ſoit donc Alcidor, ou qu'il ne le ſoit pas,
Il peut ſi l'on m'en croit, retourner ſur ſes pas;
La teſte luy blanchit, & les jambes luy tremblent,
La Turquie eſt fort bonne à ceux qui luy reſſemblent.

FRIPESAVCES.

Tu fais vn trop grand bruit.

PHENICE.

Ma foy ie veux parler,
Il ſe veut introduire afin de nous voler:
Mais s'il entre chez nous, d'vne belle maniere
Il aura ſur le corps marmite & cremaliere.
Il faut bien l'auertir qu'il ne ſoit pas ſi ſot,
Il ſeroit affeublé d'vn couuercle de pot;
Ie luy ferois voler toutes les vſtenciles,
Il ne marcheroit plus qu'auecque des bequilles.

FRIPESAVCES.

Ma foy nous auons beau faire les entendus,
C'eſt vrayment à ce coup que nous ſommes perdus.

LVCINDE.

Que cét euenement a d'eſtranges ſurpriſes!

FRIPESAVCES.

Nous n'auons pour nous deux qu'à plyer nos chemiſes.

PHENICE.

Tu n'as point trop à rire, attendons en la fin.

FRIPESAVCES.

Pour moy i'ay resolu de ioüer au plus fin,
Et de confesser tout.

LVCINDE.

Est-ce ainsi que l'on m'ayme?

PHENICE.

Si tu confesses tout, i'en vseray de mesme.

LVCINDE.

Et tout retombera sur moy?

PHENICE.

Ie n'en sçay rien.

FRIPESAVCES.

I'ay fait ce qu'on m'a dit, comme vn homme de bien.

PHENICE.

Et moy ie n'ay rien dit, que ce qu'on m'a fait dire.

LVCINDE.

Excusez-vous l'vn l'autre afin qu'on me deschire.

MANILLE.

O mon cher Alcidor ! c'est vous asseurément,
Mon esprit ny mon cœur n'en doutent nullement ;
Et par tous vos discours la preuue est auerée,
Par qui nostre maison se voit deshonorée.
Mais il faut l'empescher de rire à nos despens,
Il faut nous en saisir auant qu'il soit long-temps.
Ie vais adroitement empescher qu'il ne sorte,
Pour vous, sans faire bruit, venez auec main forte.

ALCIDOR.

Vous me verrez bien-tost assez bien escorté,
Pour donner l'accolade à ce fils apposté.

MANILLE.

Il n'en faut point douter ; ie lis sur leurs visages,
Comment ils m'ont iouée à quatre personnages.
Ouy, leur couleur est pasle, & leur cœur tout tremblant,
Mais d'auoir rien apris ne faisons pas semblant.
Lucinde, en bonne sœur, visitez vostre frere :
Voyez s'il auroit point refroidy sa colere.
Pour diuertissement vous luy direz encor,
Que l'homme qui s'en va n'est qu'vn faux Alcidor,

Et

Et qu'il m'a confeßé que par galanterie,
Il s'estoit informé de l'estat de ma vie:
Induit par Matamore, il estoit venu voir
Si i'estois vn esprit que l'on pût deceuoir.

FRIPESAVCES.

Cét emprunteur de noms se doit appeller Charle.

MANILLE.

A tous coups ce maraut m'interrompt quand ie parle.
Il clabaudoit tout haut quand ie parlois tout bas,
Allez, & vous Phenice, accompagnez ses pas;
Toy, demeure & me dis où tu trouuas Sillare
Quand tu me l'amenas? ton visage s'effare,
Où le rencontras-tu?

FRIPESAVCES.

Moy? ie le rencontray
Aupres d'vn Cabaret.

MANILLE.

Où?

FRIPESAVCES.

Où i'estois entré.

MANILLE.

Mais il en faut sçauoir, & l'enseigne & la ruë;
Respons sans hesiter, & sans baisser la veuë.

FRIPESAVCES.

Madame, i'ay trouué Lisandre prés d'icy.

MANILLE.

Quoy, ce fils aposté s'appelle donc ainsi?
Ce Sillare nouueau s'appelle donc Lisandre?
Poursuis, & me dis tout, où ie te feray pendre.

FRIPESAVCES.

C'est ainsi qu'il s'appelle, à ne vous celer rien:
Mais c'est vn fils vnique auec beaucoup de bien,
Qui prist pour vostre fille vne amour legitime,
Et dont les procedez se trouueront sans crime.

MANILLE.

Sans crime à me tromper? à venir desguisé?
A feindre des Romans? prendre vn nom supposé?
Cela s'est-il pas fait, & par ton assistance?

FRIPESAVCES.

Ouy, Madame, & pourtant auec toute innocence.
I'ay tout veu, i'ay tout sceu.

MANILLE.

Tu t'excuses en vain.

FRIPESAUCES.

I'en ferois bien ſerment, i'en leuerois la main.

MANILLE.

Enfin, de cette amour clandeſtine & ſiniſtre,
Tu n'as donc pas eſté le principal miniſtre?
Tu ne m'as point duppée, & de bonne façon,
Iuſques dans mon logis amenant ce garçon?
Infidelle valet, infame Paraſite,
Tu ne ſaufferas plus ton pain dans ma marmite;
Apres ce laſche tour, ie ſerois ſans raiſon,
Si tu mettois iamais le pied dans ma maiſon.
Deſlogeons ſans trompette, allons, qu'on ſe retire;
Mais viſte, promptement, ſans qu'il faille le dire,
Ou l'on te va roſſer, en compere, en amy.

FRIPESAUCES.

Me voila bien payé de ſix ans & demy.
En ce petit moment ma fortune eſt bien faite:
C'eſt pour deuenir riche vne belle recette;
Et ce qui ſuffiroit pour me faire enrager,
Ie ſors de la maiſon ſans boire & ſans manger.
Apres m'eſtre bruſlé le nez en la cuiſine,
Auoir mis tout en train pour la feſte voiſine,
Apreſté tant de mets pour faire vn bon repas,
Par l'ordre des Demons ie n'en mangeray pas.

S'il faut quitter ainsi la marmitte & la poësle,
Que maudit soit l'Amour & quiconque s'en mesle;
Au Diable le fripon, dont les meilleurs valets
Ont l'estomac si vuide en portant des poulets.
Adieu bœuf de poitrine, & cimier agreable,
Adieu beau mouton gras au goust si delectable,
Adieu cochons rotis, adieu chapons bardez,
Adieu petits dindons, tant bardez que lardez;
Adieu levraux, perdrix, & pigeonnaux en paste,
Dont vn Diable incarné ne veut pas que ie taste.
Adieu tarte à la cresme, adieu pouplain sucré,
Puissiez-vous estrangler ceux qui m'en ont sevré.
On a beau toutefois me traitter de la sorte,
Si feray-je le guet autour de cette porte.
Ie vay proche d'icy faire quelque repas,
Afin de reuenir promptement sur mes pas.
Me dût-on assommer, me dût-on faire pendre,
Ie sçauray si ie puis, que deuiendra Lisandre.

Fin du quatriesme Acte.

ACTE CINQVIESME.

SCENE PREMIERE.

FRIPESAVCES.

On dit que bien ſouuent entre les bords du verre,
Et le nez du beuueur, tout le vin tombe à terre:
Ie l'eſpreuue à mon dam, moy qui ce meſme iour
Eſtois vn truchement, vn meſſager d'amour,
Pour qui tournoient au feu des broches ſauoureuſes,
Et pour qui l'on marquoit des tonnes plantureuſes.
Le Diable pour ma perte eſt venu du ſabat,
Qui m'a fait deſnicher de mon pauure grabat;
Et par vn ſi grand trouble, & des rigueurs ſi grandes,
A troublé mon piot, & ſouſtrait mes viandes;
Qu'aujourd'huy ſans vigueur, ſans force & ſans ſuport,
Ie ſuis vn meſſager pour conduire à la mort:
Et me trouuant les dents auſſi longues qu'vne aulne,
Ie ſuis vn truchement à demander l'aumoſne:

Ie ne mange plus rien, & d'vn pas chancelant
Ie ne fais que gober les mouches en volant:
Ie ne suis plus admis à seruir de Maistresses,
Et ie n'ay plus d'employ qu'à me gratter les fesses.
Mais quoy, ie ne serois accablé qu'à demy,
Si ie n'estois priué de mon meilleur amy;
Tous mes boyaux plaintifs ne me font rien entendre
Qui soit si douloureux que le sort de Lisandre.
Ha! qu'il est malheureux cét aymable garçon,
Qui me souloit tousiours de si bonne façon;
Mais d'vn cœur liberal, d'vne ame noble & franche,
Tantost aux deux Faisants, tantost à la Croix blanche,
Au Broc, à la Bastille, à la Cage, au Daufin,
A la Table Roland, à la Pomme de Pin,
A saint Roch, au Poirier & dans la Magdelaine,
D'où ie ne sortois point qu'auec la pance pleine:
Mais nous estions traittez encor d'autre façon;
Quand nous allions chez Guille, ou bien chez Meneçon,
Dans ce petit Paris où toute chose abonde,
Qu'on peut comme le grand nommer vn petit Monde.
O le pauure garçon! le Destin ne veut pas
Qu'il me donne iamais vn malheureux repas.

SCENE SECONDE.

LE CAPITAN. FRIPESAVCES. CASCARET.

LE CAPITAN.

SElon les ſentimens que l'on m'a fait entendre,
En cette occaſion tu parles de Liſandre.
Mais il eſt ſuccombé ce petit Eſcolier,
A qui ſi hautement tu ſeruois de pilier :
Pour qui tu m'as quitté ſans craindre ma vengeance.

FRIPESAVCES.

Monſieur, pour mes erreurs ayez de l'indulgence ;
Guerrier incomparable aux exploits ſi fameux,
Accuſez-en l'excés d'vn vin trouble & fumeux ;
Lors que ie debittay des choſes ſi badines,
I'auois bien beu dix pots, ou quarante chopines.

LE CAPITAN.

Va, ie puis ta fortune & le iour te rauir ;
Mais ie ſuis genereux, & ie te veux ſeruir.
Ie ſçay qu'on t'a chaßé pour faire ma vengeance.

FRIPESAVCES.

Monſieur, on m'a caßé comme vn pot de fayence.

LE CAPITAN.

Il est bon.

FRIPESAVCES.

Mais pourtant si vous auiez parlé,
Ce miserable pot ne seroit que feslé.

LE CAPITAN.

Qui t'a chassé?

FRIPESAVCES.

Manille.

LE CAPITAN.

Elle est d'humeur colere:
Mais ie te remettray deussay-je luy desplaire.
Ie connois Alcidor reuenu depuis peu;
I'ay mis pour son sujet plus d'vne ville en feu;
Et pour ne rien celer, s'il faut que ie l'ordonne,
Il faudra que Manille à l'instant te pardonne.

FRIPESAVCES.

O qu'à vostre grandeur ie serois obligé!
Sans prendre mon bonnet i'ay receu mon congé.
Mais par vne faueur grande comme est la vostre,
Ie puis rafubler l'vn, & m'excuser de l'autre.

LE CAPITAN.

Va donc, frape à la porte, & frape hautement:
Ie puis dans ce logis en vser librement.

FRIPESAVCES.

I'ay frapé comme il faut, on vient.

LE CAPITAN.

Belle demande?

SCENE TROISIESME.

PHENICE. ALCIDOR. LE CAPITAN.
CASCARET. FRIPESAVCES.

PHENICE.

L'Auis est bien pressant, ou l'audace est bien grande.

ALCIDOR.

Qui pour fraper si fort est assez effronté?

LE CAPITAN.

C'est vostre seruiteur.

ALCIDOR.

C'est assez bien heurté.
Monsieur, que voulez-vous?

LE CAPITAN.

Monsieur, ie veux vous dire,
Que vous poussiez la rouë à finir mon martyre;
Vous estes bien receu, vous estes estably,
Et vous ne mettrez pas vos amis en oubly:
Si vous estes ancré, c'est par mon industrie.

ALCIDOR.

Ostez de vos papiers, ces termes ie vous prie,
Moy, si ie suis ancré c'est par vostre faueur?

LE CAPITAN.

Ce n'est donc pas par moy? voyez ce vieux resveur?
Ie ne suis point l'autheur de sa bonne fortune,
Ie ne l'ay point produit.

ALCIDOR.

Ce discours m'importune,
Et m'importune fort à dire verité.

LE CAPITAN.

Qu'en dis-tu Cascaret?

CASCARET.

Il craint d'estre escouté.

ALCIDOR.

Vn homme tel que moy ne craint point qu'on l'escoute.

LE CAPITAN.

Qu'il est homme de bien!

ALCIDOR.

N'en soyez point en doute.

LE CAPITAN.

Enfin, vous auez sceu prendre l'occasion,
Vous auez bien vsé de nostre inuention.

ALCIDOR.

De quelle inuention? i'entends mal ce langage.

LE CAPITAN.

Quoy? i'aurois pris le soin de vous sifler en cage,
Et de vous rendre Chef d'vne bonne maison,
Et vous me penseriez brider comme vn oyson:
Pour vous tenir bien ferme il faut changer de nottes.

ALCIDOR.

On ne me sifle point ainsi que les linotes.

CASCARET.

est ma foy plaisant.

LE CAPITAN.

Respondez, & sans bruit,
Mon valet que voila vous a-t-il pas instruit?
Afin que la dedans on vous prist pour vn homme
Qui s'appelle Alcidor.

ALCIDOR.

C'est ainsi qu'on me nomme.

LE CAPITAN.

C'est comme l'on doit dire à tout autre qu'à moy.

ALCIDOR.

Ie le puis dire à tous.

CASCARET.

Il vaut trop, sur ma foy,
A force de le dire il pourroit bien le croire.

ALCIDOR.

Tout ce qu'il m'aprenoit estoit ma propre Histoire.

LE CAPITAN.

En ce role nouueau vous auez reüssy.

ALCIDOR.

Ie fay mon propre role en commandant icy.

LE CAPITAN.

Mais toy tu le connois?

FRIPESAVCES.

Ie le dois bien connoistre,
C'est vrayment Alcidor, mon Seigneur & mon Maistre.
Ie le connois pour tel, & iusqu'au monument
Ie desmentiray ceux qui diront autrement.

LE CAPITAN.

Quoy? pour vn imposteur offenser ma personne.

FRIPESAVCES.

La verité, Monsieur, cette audace me donne;
I'ay mangé de son pain de ce bon Alcidor,
Et si c'est son plaisir i'en veux manger encor.

ALCIDOR.

A t'accorder cela ton Zele me conuie,
Tu pourras en manger le reste de ta vie.

FRIPESAVCES.

Monsieur, pour ce beau mot i'embrasse vos genous.

LE CAPITAN.

Alcidor, faux ou vray faites du bien à tous:
Accordez-moy Lucinde, & me prenez pour gendre.

ALCIDOR.

Il faudra le choisir auant que de le prendre;
Mais nous n'entendons point de prendre des filous,
Et nous ne voulons point de gens faits comme vous.

LE CAPITAN.

De gens faits comme moy? si i'entrois en colere.

ALCIDOR.

Allez grand fanfaron, nous ne vous craignons guere.
Rentrons dans le logis, & s'il y met le pied
Il n'en sortira pas sans estre estropié.

SCENE QVATRIESME.

LE CAPITAN. CASCARET.

LE CAPITAN.

MA bile eſt enflâmée, & tout mon ſang s'embraſe.

CASCARET.

Cét Alcidor ſans doute, eſt le patron de caſe:
Voicy qui comme vous m'eſtonne & me ſurprend.

LE CAPITAN.

La rencontre eſt bizarre.

CASCARET.

Ou le miracle eſt grand.
On peut dire, Monſieur, que c'eſt vne merueille
Qui iamais n'euſt encor ny n'aura ſa pareille.
Il ſemble qu'Alcidor de ie ne ſçay pas ou,
A trauers de la Mer ſoit paſſé par vn trou;
Ainſi qu'vn godeno que de fine maniere
Brioché fait ſortir hors de ſa gibeſiere.
Et pour faire vne fourbe à Manille aujourd'huy,
Nous auons eſté droit nous adreſſer à luy.

LE CAPITAN.

Mais ie me veux vanger des paroles dernieres:
Bien-tost tous ces quartiers seront des Cimetieres.
Auec trois grains de poudre, & le bout d'vn tison,
Ie veux faire en esclats voler cette maison;
Et pour me satisfaire, il faudra que Manille
Auec son Alcidor, & Lisandre & sa fille,
Son valet, sa seruante, & son chien, & son chat,
Plus haut que les clochers fassent vn entre-chat:
Et lors que ma fureur auec ce coup de foudre,
Aura dans vn moment reduit ces corps en poudre;
En portant ma vangeance encore plus auant,
I'iray sous ce debris pour les soufler au vent:
Les cendres d'Alcidor iront en Tartarie;
Et celles de Manille iront en Barbarie;
Les cendres de Lucinde aux terres du Mogor;
Et celles de Lisandre au Royaume d'Onor.

CASCARET.

Celles de Fripesauces?

LE CAPITAN.

En la Magellanique.

CASCARET.

Et celles de Phenice?

LE CAPITAN.

A la coste d'Afrique ;

CASCARET.

Du chien ?

LE CAPITAN.

Vers le détroit nommé Bebelmandel.

CASCARET.

Et les cendres du chat ?

LE CAPITAN.

S'en iront au bordel.

CASCARET.

C'est pour faire à Paris vn merueilleux esclandre,
Mille fils de putains naistroient de cette cendre :
Vous en auez, ie pense, enuoyé des miliers,
Au quartier du Marais, & ruë aux Grauiliers.

LE CAPITAN.

Tay toy tu me fais rire, & ie suis dans la rage ;
Ie pense à repousser vn si sensible outrage.

CASCARET.

Vous deuez ce me semble en vser autrement :
Puisque cette Lucinde estime vn autre amant,

Il faut la mespriser, il faut se moquer d'elle,
Et de vostre costé faire vne amour nouuelle.

LE CAPITAN.

De plus riches partis, & de meilleur estoc,
Si tost qu'il me plaira de parler, me sont hoc:
Ie suiuray ce conseil. Mais fuyons, ie voy fondre
Auec ce vieux Preuost, des Archers en grand nombre.

SCENE CINQVIESME.

LVCILE ET SES ARCHERS.

LVCILE.

COmpagnons, gardons bien d'alarmer le quartier:
Il faut pour bien agir qu'on sçache son mestier;
Que tout le gros demeure au coin de cette ruë,
Deux à deux, trois à trois pour n'estre guere en veuë;
Pour moy qui vay tout seul fraper à la maison,
I'auertiray si tost qu'il en sera saison:
Ie veux faire l'entrée, & vous ferez le reste;
I'entends pis mille fois que la foudre & la peste:
Ie diray doucement, c'est de la part du Roy:
Mais s'il arriue apres que ie vous crie, à moy!

Venez tous aussi-tost, & d'vne bonne sorte
De la buche apportée enfoncez cette porte:
Six garderont l'entrée, & douze la dedans
Furetteront par tout de crainte d'accidens;
Il faut que du galand la capture soit faite;
Et qu'il soit bien logé; tout le iour ie vous traite.
Mais ce Valet en sort, il faut comme prudens,
Tâcher de descouurir ce qu'on fait la dedans;
Prendre langue en ces cas est faire en homme habile.

FRIPESAVCES.

Phenice l'a bien dit, sans doute c'est Lucile.

LVCILE.

A la mine qu'il fait il semble peu gaillard.
Vn mot.

FRIPESAVCES.

Que vous plaist-t-il?

LVCILE.

Où vas-tu?

FRIPESAVCES.

Quelque part.

LVCILE.

Connois-tu ce baston, chante vn autre ramage ;
Ie fay mettre souuent de tels oyseaux en cage.

FRIPESAVCES.

Ha ! Monsieur le Preuost ! ou bien Monsieur l'Exempt ?
Commandez, de bon cœur ie suis obeïssant.

LVCILE.

Que fais-t-on au logis.

FRIPESAVCES.

On y pleure, on y crie ;

LVCILE.

En sçais-tu le sujet ? dis le moy ie te prie.

FRIPESAVCES.

Ce sont des differens, ce sont de grands debats ;
Ce que la femme veut le mary ne veut pas.
Si ce bruit dure encor, ie iure sur mon ame,
Qu'on ne pourra seruir le mary ny la femme.

LVCILE.

Mais pourquoy disputer ? encore, à quels propos ?

FRIPESAVCES.

Il faut puis qu'il vous plaist, vous le dire en trois mots.
C'est pour certain garçon qu'on appelle Lisandre,
Qu'on a mis en iustice, & qu'on veut faire pendre.

LVCILE.

Quel est donc ce Lisandre.

FRIPESAVCES.

Vn Enfant d'Orleans,
Qui ce disoit sorty des mains des mescreans;
Et semblant vn forçat sorty de la cadene,
S'introduisit ceans.

LVCILE.

O qu'il me met en peine!
Il a fait quelque vol, ce traistre, ce vaurien.

FRIPESAVCES.

Il a volé le cœur à qui voloit le sien;
Apres s'estre introduit pour le fils de Manille,
Il a donné soupçon qu'il carressoit sa fille:
Enfin pour ce sujet, pour s'estre desguisé,
Et pour s'estre produit sous vn nom supposé,

Il fut mis hier au ſoir dans la Conciergerie ;
Et l'on fait ſon procés.

LVCILE.

C'eſt vne moquerie,
Ie n'entend point cela.

FRIPESAVCES.

Le faut-il dire encor ?
Liſandre qui paſſoit pour le fils d'Alcidor,
Pour frere de Lucinde, & ſe diſoit Sillare,
Qui fut mené captif en vn païs barbare ;
Par le meſme Alcidor ſur ce temps reuenu,
Pour vn lâche impoſteur ſe trouue reconnu :
Et comme corrupteur d'vne fille bien née,
Il eſt pres de finir ſa triſte deſtinée.

LVCILE.

Mais dy moy tout le reſte ? & pour quelle raiſon
La femme & le mary grondent dans la maiſon.

FRIPESAVCES.

Vous le ſçaurez bien-toſt, c'eſt pource que Manille
Qui connoiſt que Liſandre ayme ardemment ſa fille,
Voudroit de ce ieune homme empeſcher le treſpas :
Mais ſon cruel mary veut qu'il paſſe le pas.

Pour moy ie croy que l'air qu'on respire en Afrique,
Suffit à rendre vn cœur aussi dur qu'vne brique ;
Ie ne sçay qui le porte à s'obstiner ainsi.
A grands coups de baston les Turcs l'ont endurcy.

LVCILE.

A ce pauure garçon tu serois fauorable ?
Tu le plains de bon cœur.

FRIPESAVCES.

C'est qu'il est fort aimable ;
I'enrage d'auoir veu trauerser son desir,
Et mangerois du bien pour luy faire plaisir.
Falloit-il qu'en ce deüil aujourd'huy ie le visse !
Il n'est rien que pour luy de bon cœur ie ne fisse ;
Depuis son accident ie ne fay que pleurer.

LVCILE.

Ne pleures pas si fort, on l'en peut retirer :
Nous entendons vn peu le Droit, & la Coustume,
Et sommes pour le poil ainsi que pour la plume.

FRIPESAVCES.

Il resve, tout va bien.

LVCILE.

O miserable fils!
Ie venois pour te prendre, & ie te treuue pris.
Ie te voulois punir, lors qu'vne main plus rude
Corrige ton desordre & ton ingratitude.
Si faudra-t-il t'aider, & de tout mon pouuoir,
Mieux que toy, mieux que toy, ie feray mon deuoir.
L'estat où ie te voy me donne de la crainte;
Il faut te retirer d'vn si grand labyrinthe.
Dy-moy? cét Alcidor n'a-t-il pas vne sœur
Voisine d'Orleans?

FRIPESAVCES.

C'est sans doute, Monsieur,
C'est là que ce garçon vid Lucinde si belle,
Qu'il a perdu depuis l'esprit pour l'amour d'elle.

LVCILE.

Ils sont assez aisez?

FRIPESAVCES.

Cela m'est bien connu,
Ie connois leur despence, & sçay leur reuenu.

LVCILE.

Mais Manille est honneste, & sa fille de mesme?

FRI-

FRIPESAVCES.

Toutes deux ont le bruit d'vne ſageſſe extrême,
Et ie ſçay que Lucinde en cét engagement,
Auecque ce Liſandre a veſcu chaſtement.

LVCILE.

Dieu le veüille. Et pourquoy cependant introduire,
Ce frere ſupposé qui pouuoit la ſeduire?

FRIPESAVCES.

Pour empeſcher l'effet d'vn hymen proposé,
A quoy iamais ſon cœur ne ſe fut diſposé.
C'eſt ce qui de tous deux a produit la miſere.

LVCILE.

Ne ſçaurois-je en ſecret entretenir ſa mere?
Pour chercher le biais de faire quelque accord.

FRIPESAVCES.

Cela ſe peut, Monſieur, mais la voila qui ſort
Auec ſon Alcidor. De ce trouble ils deuiſent.

LVCILE.

Auant que leur parler eſcoutons ce qu'ils diſent.

SCENE SIXIESME.

ALCIDOR. MANILLE. LVCILE. FRIPESAVCES.

ALCIDOR.

AYez soin du mesnage, & moy de mon honneur.
Mais il sera puny ce lâche suborneur.

MANILLE.

Mais donnez-vous vn peu le loisir de m'entendre?

ALCIDOR.

Non, ie vous dis encor que ie le feray pendre,
Deussay-je à cét effet employer tout mon bien.

LVCILE.

Monsieur, n'en iurez pas, car vous n'en ferez rien.

ALCIDOR.

Qui m'en empeschera?

LVCILE.

Moy, moy qui suis son pere.

ALCIDOR.

Le fussiez-vous cent fois, il ne m'importe guere.

LVCILE.

Nous verrons.

ALCIDOR.

Nous verrons s'il ne fait pas le ſaut.

LVCILE.

Vous vous emportez trop, & vous parlez trop haut;
Vous rendez criminelle vne cauſe ciuile:
Mais i'ay de bons amis, & bon credit en ville.

ALCIDOR.

Vous en aurez beſoin pour pouuoir empeſcher
Le cours de la Iuſtice, & l'honneur m'eſt ſi cher,
Que pour eſtre vangé de ma fille rauie,
Ie n'eſpargneray point, ny mon bien, ny ma vie.

LVCILE.

Nous verrons de nous deux à qui l'emportera.

ALCIDOR.

Ie n'ay qu'vne maiſon, mais elle ſautera;
Et quelque arpent de terre, & quelque arpent de vigne,
Plutoſt que ie n'en tire vne vengeance inſigne.
I'y mettray tout pour tout.

LVCILE.

Et moy, graces à Dieu,
I'ay ſur les bords du Loire, en vn aſſez beau lieu,

Vn Colombier qui vaut trois mille francs de rente,
Et quelqu'autre à la ville ; & de plus ie me vante,
D'auoir quelques deniers dedans mon coffre fort
Qui pourront exempter Lisandre de la mort.

ALCIDOR.

Ie ne m'estonne point de propos ridicules ;
Ie le feray perir.

LVCILE.

Vos fortes fiévres mules.
Pour quel grand auantage, & pour quelle raison,
Voulez-vous ainsi perdre vn enfant de maison.

ALCIDOR.

Pourquoy m'offence-t-il? pourquoy perd-t-il ma fille?
Et deshonore-t-il vne honneste famille?

FRIPESAVCES.

La tache n'est pas grande on la pourroit oster,
Sans qu'vn arrest mortel se dûst executer,
Si l'on donnoit Lucinde à Lisandre pour femme.

LVCILE.

Lors que cela seroit, Monsieur vaut bien Madame.

MANILLE.

Vous l'approuueriez donc?

LVCILE.

C'est ainsi que i'entends.

FRIPESAVCES.

C'est comme il faut parler pour estre tous contents.

MANILLE.

Iamais à cét accord nous ne serons contraires.

LVCILE.

Vous n'auez qu'vne fille?

MANILLE.

Elle n'a sœurs ny freres.

ALCIDOR.

Vostre fils est vnique?

LVCILE.

Et pour son entretien,
S'il est bon mesnager n'aura que trop de bien.
Mais tous deux l'auez veu; ioüons sans auantage,
Ie voudrois de Lucinde auoir veu le visage.

LVCILE. ALCIDOR. FRIPESAVCES.
LVCINDE. PHENICE. MANILLE.

MANILLE.

MA fille, aduancez-vous, & saluëz Monsieur.

LVCILE.

Cette belle est vrayment digne d'vn seruiteur.
En d'assez beaux filets mon fils s'est laissé prendre;
De bon cœur maintenant ie pardonne à Lisandre.

PHENICE.

Il n'en parle pas mal, il s'y connoist des mieux.

LVCINDE.

Tay-toy.

LVCILE.

Ie ne suis plus cét homme lubieux?

PHENICE.

Hé! de grace, Monsieur, excusez ces paroles:
Les sages sçauent bien que les femmes sont folles.

LVCILE.

Nous traittions en discours, mais traittons en effet;
Touchons-nous dans la main.

ALCIDOR.

Monsieur, cela vaut fait.

FRIPESAVCES.

Voila, voila parlé.

MANILLE.

Ha ! c'est nous faire grace.

ALCIDOR.

C'est aussi bien que vous vn party qu'on embrasse.

LVCILE parlant à Fripesauces.

Va dire à mes Archers qui ne sont pas trop loin,
Que d'eux pour aujourd'huy ie n'ay pas de besoin.
Qu'ils boiuent les santez de Lucinde & Lisandre;
I'acquitteray bien-tost ce qu'ils pourront despendre.

ALCIDOR.

Nous allons cependant querir le prisonnier.

MANILLE.

Tien les clefs de la caue, & celle du grenier.

Apres t'estre meslé de ce doux hymenée,
Tu te peux à loisir souler toute l'année.
Va donner ordre à tout pour un ample repas.

FRIPESAVSES.

Ie promets sur ce point de ne m'endormir pas.

MANILLE.

Ne manque pas aussi d'amener vn Notaire
Pour passer le Contract,

FRIPESAVCES.

Et faire bonne chere.
De plus, i'ameineray auec vn conuoy seur,
Et plus d'vn patissier, & plus d'vn rotisseur.
O les Hostes plaintifs de la peau que ie tire!
Vous aurez de la ioye apres vn long martyre;
Boyaux lâches & plats, vous deuiendrez rondins;
Ie m'en vay vous remplir comme de vrais boudins;
Et dans vn grand hanap, dans vne large Coupe,
Ie vay iusqu'à demain boire à toute la Troupe.

Fin du cinquiesme & dernier Acte.

bonne belle sage ~~humble~~ ble
vertueuse fille A belle
mai 1666 apres midi
Isabelle
b b b b b b b
a a a a a a a
c c c c c c c
d d d d d
f f f f
g g g g g g g g
h h h h h h h h h h
i i i i i i i i i i

www.ingramcontent.com/pod-product-compliance
Lightning Source LLC
Chambersburg PA
CBHW050023100426
42739CB00011B/2766

* 9 7 8 2 0 1 1 8 8 7 5 1 1 *